No vosso Sagrado Coração, colocamos toda a nossa confiança e esperança!

PASSOS PARA ORAÇÃO

1 DISPOR-SE

Escolho um texto bíblico. Defino a duração da oração. Busco um LUGAR tranquilo e agradável que ajude a me concentrar. Encontro uma boa POSIÇÃO corporal.

2 PREPARAR-SE

Faço SILÊNCIO interior e exterior. RESPIRO lentamente, suavemente. Tomo CONSCIÊNCIA de que estou na PRESENÇA de DEUS. Faço com devoção o sinal da cruz.

3 SITUAR-SE

PEÇO a DEUS Nosso Senhor para que todos os meus desejos, pensamentos e sentimentos estejam voltados unicamente para o seu louvor e serviço. Peço a GRAÇA que verdadeiramente DESEJO receber de DEUS.

4 MEDITAR

LEIO o texto devagar, saboreando as palavras que mais me "tocam". REFLITO por que esta frase, palavra, ideia me chama a atenção. CONVERSO com Deus como um amigo: falo, escuto, peço, louvo, pergunto, silencio, seguindo os sentimentos experimentados na oração.

5 REVISAR

Recordo o meu ENCONTRO com DEUS. Anoto o que foi mais importante na oração: o texto mais significativo (palavras, frases e imagens); os pensamentos predominantes; os questionamentos; os sentimentos de consolação ou desolação; se houve apelos e como me senti diante deles.

diário do coração
2026

PADRE ELIOMAR RIBEIRO, SJ

Edições Loyola

Diretor geral: Eliomar Ribeiro, SJ
Editor: Gabriel Frade
Capa: Ronaldo Hideo Inoue
Revisão: Maria Teresa Sampaio

Capa composta a partir da edição e montagem das ilustrações de © Kittipong (generativa) e © svetolk (Adobe Stock).

Logotipo "Diário do coração" idealizado por Ronaldo Hideo Inoue.

Projeto gráfico e diagramação das páginas iniciais, finais e aberturas de meses executados por Ronaldo Hideo Inoue. Páginas do diário idealizadas por Ronaldo Hideo Inoue e diagramadas por Sowai Tam. Guardas e páginas destacadas elaboradas pelo departamento de Marketing.

No miolo, nas aberturas de meses, ilustrações (editadas) de © Luís Henrique Alves Pinto. Demais ilustrações (generativas, editadas) de © Kittipong e © T Studio (Adobe Stock).

Nas guardas, ilustração generativa de © Kittipong (abertura) e ilustração do *Discípulo amado*, de © Márcio Mota (encerramento).

Rua 1822 nº 341, Ipiranga
04216-000 São Paulo, SP
T 55 11 3385 8500/8501, 2063 4275
editorial@loyola.com.br, vendas@loyola.com.br
loyola.com.br, 🇫🇮🇴🇩 @edicoesloyola

Todos os direitos reservados. Nenhuma parte desta obra pode ser reproduzida ou transmitida por qualquer forma e/ou quaisquer meios (eletrônico ou mecânico, incluindo fotocópia e gravação) ou arquivada em qualquer sistema ou banco de dados sem permissão escrita da Editora.

ISBN 978-65-5504-441-6

© EDIÇÕES LOYOLA, São Paulo, Brasil, 2025

O coração fala ao coração!

"Cor ad cor loquitur"

Esse antigo ditado, citado por alguns santos da Igreja, possui profundas raízes bíblicas. *O coração fala ao coração!* São palavras que evocam a imagem de dois corações em diálogo e querem indicar a relação íntima de Deus com toda a humanidade e, em especial, a relação pessoal do Senhor com cada um de nós, que fala profunda e diretamente ao nosso coração, às vezes por meio de algum acontecimento, de algum gesto concreto que presenciamos, nos afazeres diários ou mesmo no silêncio da noite quando, após um dia cansativo de trabalho, perguntamo-nos sobre o sentido de nossa própria vida e daqueles que nos são caros.

Este **Diário do Coração** situa-se diretamente nessa linha: é algo que brota do Coração de Jesus e que quer falar aos corações daqueles que pretendem, por meio deste diário, colocar seu coração aberto diante do Senhor.

É por isso que ao longo de suas páginas se encontram elementos tirados da liturgia e da Sagrada Escritura, os dois grandes pilares de toda espiritualidade cristã. Para cada dia são apresentadas as citações das leituras da missa cotidiana e um trecho do evangelho do dia, seguido de um breve comentário. Além disso, dentro da genuína tradição da Igreja, são citados aqueles santos e santas, dignos de veneração, que nos servem de exemplo e ajuda em nossas jornadas, e que são também uma fonte de inspiração para trilharmos o caminho do Mestre.

Mas há ainda mais: cada página do diário apresenta também uma frase de destaque que serve como um grande marco inspirador para ser repetido e acalentado durante todo o dia, como forma de dar sabor e sentido a todos os acontecimentos que nos rodeiam. Por fim, são apresentados espaços interativos para que cada leitor(a) possa dedicar sua jornada de oração para cada intenção que traz em seu coração e anotar suas reflexões diárias, como forma de registrar os apelos e as inspirações que surgiram na sua oração, tornando-a assim um verdadeiro alimento para seu coração.

Nesse sentido, ao lado do Ano Litúrgico, com este Diário do Coração cada um de nós poderá viver um verdadeiro e próprio "Ano Devocional", como forma de participarmos mais e melhor da vida no Espírito.

Que este Diário possa transformar nossos corações, tornando-nos verdadeiros "adoradores em Espírito e verdade".

Padre Eliomar Ribeiro, SJ
Diretor Nacional da Rede Mundial de Oração do Papa

janeiro

D	S	T	Q	Q	S	S
				1	2	3
4	5	6	7	8	9	10
11	12	13	14	15	16	17
18	19	20	21	22	23	24
25	26	27	28	29	30	31

fevereiro

D	S	T	Q	Q	S	S
1	2	3	4	5	6	7
8	9	10	11	12	13	14
15	16	17	18	19	20	21
22	23	24	25	26	27	28

março

D	S	T	Q	Q	S	S
1	2	3	4	5	6	7
8	9	10	11	12	13	14
15	16	17	18	19	20	21
22	23	24	25	26	27	28
29	30	31				

abril

D	S	T	Q	Q	S	S
			1	2	3	4
5	6	7	8	9	10	11
12	13	14	15	16	17	18
19	20	21	22	23	24	25
26	27	28	29	30		

maio

D	S	T	Q	Q	S	S
					1	2
3	4	5	6	7	8	9
10	11	12	13	14	15	16
17	18	19	20	21	22	23
24	25	26	27	28	29	30
31						

junho

D	S	T	Q	Q	S	S
	1	2	3	4	5	6
7	8	9	10	11	12	13
14	15	16	17	18	19	20
21	22	23	24	25	26	27
28	29	30				

julho

D	S	T	Q	Q	S	S
			1	2	3	4
5	6	7	8	9	10	11
12	13	14	15	16	17	18
19	20	21	22	23	24	25
26	27	28	29	30	31	

agosto

D	S	T	Q	Q	S	S
						1
2	3	4	5	6	7	8
9	10	11	12	13	14	15
16	17	18	19	20	21	22
23	24	25	26	27	28	29
30	31					

setembro

D	S	T	Q	Q	S	S
		1	2	3	4	5
6	7	8	9	10	11	12
13	14	15	16	17	18	19
20	21	22	23	24	25	26
27	28	29	30			

outubro

D	S	T	Q	Q	S	S
				1	2	3
4	5	6	7	8	9	10
11	12	13	14	15	16	17
18	19	20	21	22	23	24
25	26	27	28	29	30	31

novembro

D	S	T	Q	Q	S	S
1	2	3	4	5	6	7
8	9	10	11	12	13	14
15	16	17	18	19	20	21
22	23	24	25	26	27	28
29	30					

dezembro

D	S	T	Q	Q	S	S
		1	2	3	4	5
6	7	8	9	10	11	12
13	14	15	16	17	18	19
20	21	22	23	24	25	26
27	28	29	30	31		

2026

datas comemorativas

- 1 jan — Confraternização Universal
- 17 fev — Carnaval
- 3 abr — Sexta-feira Santa
- 21 abr — Tiradentes
- 1 mai — Dia do Trabalho
- 4 jun — Corpus Christi
- 7 set — Independência do Brasil
- 12 out — Padroeira do Brasil
- 2 nov — Finados
- 15 nov — Proclamação da República
- 20 nov — Consciência Negra
- 25 dez — Natal

janeiro
2026
ANO A | MATEUS

oração

Abri, Senhor,
meu coração à vossa Palavra,
que seja para mim Caminho, Verdade e Vida.
Que a sua luz possa dar sentido
e rumo para minha vida;
que eu encontre coragem, esperança
e principalmente aprenda a amar.
Aumentai minha fé para que
eu viva mais intensamente a vida,
que consiste em vos conhecer
e a vosso Filho que nos enviastes.
Amém.

intenção
de oração do Papa

ORAÇÃO COM A PALAVRA DE DEUS

Rezemos para que a oração com a Palavra de Deus seja alimento em nossa vida e fonte de esperança em nossas comunidades, ajudando-nos a construir uma Igreja mais fraterna e missionária.

O CORAÇÃO É O LUGAR DA SINCERIDADE, NO QUAL NÃO SE PODE ENGANAR OU DISSIMULAR

1
Quinta | JAN 26

Nm 6,22-27
Sl 66(67)
Gl 4,4-7
Lc 2,16-21

Ofereço meu dia de oração para

SANTO DO DIA
Santa Maria, Mãe de Deus

Evangelho do dia

Encontraram Maria e José e o recém-nascido deitado na manjedoura. E deram-lhe o nome de Jesus, como tinha sido chamado pelo anjo antes da sua concepção.

Lucas 2,16.21

PALAVRA DO CORAÇÃO
#paz

Que coisa boa nos aproximarmos do presépio como os pastores, contemplando o mistério e oferecendo a nossa vida. Jesus é o Messias, é o Príncipe da Paz, que vem trazendo alegria e salvação.

O que Deus me falou hoje?

2
JAN 26 | Sexta

1Jo 2,22-28
Sl 97(98)
Jo 1,19-28

COMO PODES DIZER QUE ME AMAS SE O TEU CORAÇÃO NÃO ESTÁ COMIGO?

Ofereço meu dia de oração para

SANTO DO DIA

Santos Basílio Magno e Gregório Nazianzeno

PALAVRA DO CORAÇÃO
#missão

Evangelho do dia
João respondeu: "Eu batizo com água. Mas entre vós está quem não conheceis. Ele vem depois de mim e nem sequer sou digno de lhe desamarrar a correia da sandália".

João 1,26-27

Reconhecer a ação de Deus em Jesus: é o que fez João Batista. Assim como ele, devemos preparar os caminhos do Senhor e reconhecer que somos servidores da missão de Cristo.

O que Deus me falou hoje?

MAIS QUE TUDO, VIGIA TEU CORAÇÃO, POIS DELE JORRAM AS NOSSAS ATITUDES

3
Sábado | JAN 26
1Jo 2,29–3,6
Sl 97(98)
Jo 1,29-34

Ofereço meu dia de oração para

Santíssimo Nome de Jesus

Evangelho do dia

No dia seguinte, vendo que Jesus vinha a seu encontro, João exclamou: "Eis o Cordeiro de Deus, que tira o pecado do mundo!". "Ora, eu vi isto, portanto dou testemunho de que ele é o Filho de Deus!".

João 1,29.34

PALAVRA #testemunho DO CORAÇÃO

Dar testemunho de Jesus com nossas vidas. Somos felizes porque acreditamos sem ter visto e experimentamos a ação do Filho de Deus que move nossos corações para o bem.

O que Deus me falou hoje?

4

JAN 26 Domingo

Is 60,1-6
Sl 71(72)
Ef 3,2-3a.5-6
Mt 2,1-12

A MERA APARÊNCIA, A DISSIMULAÇÃO E O ENGANO DANIFICAM E PERVERTEM O CORAÇÃO

Ofereço meu dia de oração para

Epifania do Senhor

#tesouro

Evangelho do dia

Entrando na casa, viram o menino com Maria, sua mãe, e prostrados lhe prestaram homenagem. A seguir, abrindo os seus cofres, ofereceram-lhe de presente ouro, incenso e mirra.

Mateus 2,11

Que bonito será quando oferecermos a Deus o melhor de nossas vidas. Com os magos do Oriente, abramos também nós o cofre do nosso coração e ofereçamos o melhor que temos e somos.

O que Deus me falou hoje?

5
Segunda | JAN 26

AS APARÊNCIAS E AS MENTIRAS SÓ TRAZEM VAZIO

1Jo 3,22–4,6
Sl 2
Mt 4,12-17.23-25

Ofereço meu dia de oração para

SANTO DO DIA
São Simeão

Evangelho do dia

O povo que jazia nas trevas viu uma grande luz; ela surgiu para os que jaziam na sombria mansão da morte. Desde então começou Jesus a proclamar: "Convertei-vos, porque o reino dos céus já está perto".

Mateus 4,16-17

PALAVRA DO CORAÇÃO
#luz

Jesus nos chama a sair das trevas para a luz do Reino dos Céus. Sua mensagem de conversão é um convite à mudança interior, a fim de vivermos na plenitude da vida eterna. Possamos também nós abrir os nossos corações e seguir a Cristo rumo à verdadeira liberdade.

O que Deus me falou hoje?

6

JAN 26 | Terça

1Jo 4,7-10
Sl 71(72)
Mc 6,34-44

QUE A IMAGINAÇÃO E OS SENTIMENTOS SE DEIXEM MODERAR PELO BATER DO CORAÇÃO

Ofereço meu dia de oração para

SANTO DO DIA
Santos Baltazar, Gaspar e Melchior

PALAVRA DO CORAÇÃO
#partilha

Evangelho do dia

Todos comeram e ficaram satisfeitos. E recolheram ainda doze cestos, cheios de pedaços de pão e de restos dos peixes.

Marcos 6,42-43

Jesus nos ensina que, quando partilhamos o que temos, ele multiplica nossas bênçãos, tornando-as abundantes. Possamos também nós, ao vivermos em comunidade, confiar na providência divina e repartir o que temos com gratidão.

O que Deus me falou hoje?

QUE A VONTADE DESEJE O BEM QUE O CORAÇÃO CONHECE

7
Quarta | JAN 26

1Jo 4,11-18
Sl 71(72)
Mc 6,45-52

Ofereço meu dia de oração para

SANTO DO DIA
Beata Lindalva de Oliveira

Evangelho do dia

Jesus foi na direção deles, caminhando sobre o mar. E queria lhes passar à frente. Mas, quando os discípulos o viram caminhando sobre o mar, pensaram que fosse um fantasma.

Marcos 6,48b-49

PALAVRA DO CORAÇÃO
#confiar

Quando enfrentamos as tempestades da vida, Jesus se aproxima de nós e oferece-nos sua paz. Mesmo quando não o reconhecemos, ele está presente, disposto a nos fortalecer e guiar. Confiemos na presença de Cristo que transforma nossas dificuldades.

O que Deus me falou hoje?

8

JAN 26 Quinta

1Jo 4,19–5,4
Sl 71(72)
Lc 4,14-22a

SÓ NOS TORNAMOS NÓS MESMOS QUANDO ADQUIRIMOS A CAPACIDADE DE RECONHECER O OUTRO

Ofereço meu dia de oração para

SANTO DO DIA
São Severino

PALAVRA DO CORAÇÃO
#graça

Evangelho do dia

Jesus começou a lhes falar: "Hoje se cumpre esta passagem da Escritura que acabais de ouvir".

Lucas 4,21

Jesus é a realização das promessas de Deus, a realização da salvação que traz liberdade e cura. Ao ouvirmos sua palavra, somos chamados a viver a transformação que ele nos propõe. Possamos também nós, ao acolhermos o Cristo Senhor, reconhecer em seu amor a plenitude da graça divina.

O que Deus me falou hoje?

9

Sexta | JAN 26

CADA SER HUMANO É CRIADO SOBRETUDO PARA O AMOR

1Jo 5,5-13
Sl 147(147B)
Lc 5,12-16

Ofereço meu dia de oração para

SANTO DO DIA
Santo Adriano de Cantuária

Evangelho do dia

"Senhor, se quiseres, poderás curar-me!". Jesus estendeu a mão e o tocou, dizendo: "Quero! Estás curado!". No mesmo instante a lepra desapareceu.

Lucas 5,12c-13

PALAVRA
#fé
DO CORAÇÃO

No encontro com o Senhor, a fé do leproso nos ensina que diante de nossa vulnerabilidade, Jesus tem o poder de nos curar e purificar. Possamos também nós, ao nos aproximarmos do Senhor, sentir sua presença purificadora e renovar nossa esperança.

O que Deus me falou hoje?

10

JAN 26 Sábado

1Jo 5,14-21
Sl 149
Jo 3,22-30

Ó MEU DEUS, FAZEI A VOSSA MORADA EM MIM, FAZEI MEU CORAÇÃO BATER JUNTO COM O VOSSO

Ofereço meu dia de oração para

SANTO DO DIA
São Guilherme de Bourges

PALAVRA DO CORAÇÃO
#alegria

Evangelho do dia

"O amigo do esposo, que o ajuda e o atende, se alegra muito quando escuta a voz do noivo. Assim, minha alegria agora está completa. É preciso que ele cresça e eu seja diminuído."

João 3,29b-30

Jesus deve ser sempre o centro das nossas vidas. Nossa alegria é completa ao ver a obra de Cristo realizar-se. Possamos também nós contribuir com sua ação no mundo, colocando-o sempre em primeiro lugar, para que o Reino cresça cada vez mais.

O que Deus me falou hoje?

OUVIR, SABOREAR E HONRAR O SENHOR PERTENCE AO CORAÇÃO

11 Domingo JAN 26

Is 42,1-4.6-7
Sl 28(29)
At 10,34-38
Mt 3,13-17

Ofereço meu dia de oração para

Batismo do Senhor

Evangelho do dia

Logo que foi batizado, Jesus saiu da água. Eis que os céus se abriram para ele. Viu o Espírito de Deus descer como uma pomba e vir sobre ele.

Mateus 3,16

Somos filhos amados no Filho. É pelo Batismo que entramos na família da fé cristã e aprendemos o melhor modo de amar e servir aos demais. Mesmo indignos, Jesus nos ama infinitamente!

#batismo
PALAVRA DO CORAÇÃO

O que Deus me falou hoje?

12

JAN 26 Segunda

1Sm 1,1-8
Sl 115(116)
Mc 1,14-20

O CORAÇÃO DE CRISTO É ÊXTASE, É SAÍDA, É DOM, É ENCONTRO

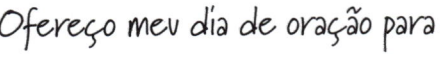
Ofereço meu dia de oração para

SANTO DO DIA
São Bento Biscop

PALAVRA #conversão DO CORAÇÃO

Evangelho do dia

"Completou-se o tempo. Chegou o Reino de Deus. Convertei-vos e crede no Evangelho". E Jesus lhes disse: "Segui-me, e farei de vós pescadores de homens".

Marcos 1,15.17

Jesus nos convida a uma conversão profunda, pois o Reino de Deus já está entre nós, pronto para transformar nossas vidas. Possamos também nós, como servidores da missão de Cristo, espalhar o Evangelho com amor e coragem.

O que Deus me falou hoje?

É NO CORAÇÃO DE CRISTO QUE FINALMENTE NOS RECONHECEMOS E APRENDEMOS A AMAR

13
Terça | JAN 26

1Sm 1,9-20
1Sm 2,1.4-5.6-7.8
Mc 1,21b-28

Ofereço meu dia de oração para

Santo do dia
Santo Hilário de Poitiers

Evangelho do dia

Os ouvintes se admiravam muito com o seu modo de ensinar, porque ele ensinava como quem tem autoridade, e não como os escribas.

Marcos 1,22

Palavra do coração
#coerência

Viver a vida com coerência e mansidão. A regra de ouro é fazer aos outros o que quero que façam a mim. Será feliz quem ajudar o mundo a ser melhor, construindo pontes que nos conduzam a Cristo.

O que Deus me falou hoje?

14
JAN 26 Quarta

1Sm 3,1-10.19-20
Sl 39(40)
Mc 1,29-39

CRISTO É O CORAÇÃO DO MUNDO; SUA PÁSCOA DE MORTE E RESSURREIÇÃO É O CENTRO DA HISTÓRIA DA SALVAÇÃO

SANTO DO DIA
São Félix de Nola

PALAVRA DO CORAÇÃO
#serviço

Ofereço meu dia de oração para

Evangelho do dia

A sogra de Simão estava de cama, com febre, e logo falaram a Jesus dela. Aproximando-se, ele a tomou pela mão e a fez se levantar.

Marcos 1,30-31

Jesus nos mostra, nesse gesto de compaixão, que ele se importa com nossas dores e enfermidades e está sempre pronto a nos levantar. Ao tocar a sogra de Pedro, Jesus nos ensina que, em sua presença, a cura e a renovação acontecem. Possamos também nós, ao experienciarmos a misericórdia do Senhor, ser instrumentos de cura e serviço para os outros.

O que Deus me falou hoje?

CRISTO MOSTRA QUE DEUS É PROXIMIDADE, COMPAIXÃO E TERNURA

15 Quinta JAN 26

1Sm 4,1-11
Sl 43(44)
Mc 1,40-45

Ofereço meu dia de oração para

SANTO DO DIA
São Macário

Evangelho do dia

Chegou perto de Jesus um leproso, implorando auxílio. Ajoelhou-se e lhe suplicou: "Se queres, tu podes me curar". Cheio de compaixão, Jesus estendeu a mão e tocando nele disse: "Quero! Fica curado!".

Marcos 1,40-41

PALAVRA #cura DO CORAÇÃO

A atitude do leproso nos ensina que, mesmo em nossa fragilidade, podemos nos aproximar de Jesus com fé, confiando em seu poder de cura. Possamos também nós abrir os nossos corações para a ação transformadora de Cristo, que sempre deseja nossa saúde plena.

O que Deus me falou hoje?

16
JAN 26 Sexta

1Sm 8,4-7.10-22a
Sl 88(89)
Mc 2,1-12

NÃO TENHAIS MEDO! EU VENCI O MUNDO E ESTOU DO VOSSO LADO

Ofereço meu dia de oração para

SANTO DO DIA
São Marcelo

PALAVRA DO CORAÇÃO
#apoio

Evangelho do dia

Chegaram então algumas pessoas trazendo um paralítico que vinha carregado por quatro homens. Disse Jesus: "Para que saibais que o Filho do homem tem na terra poder de perdoar pecados – disse ao paralítico – : Eu te ordeno: Levanta-te!"

Marcos 2,3.10-11

A fé dos amigos do paralítico nos ensina que a intercessão e o apoio mútuo são fundamentais na caminhada cristã. Ao perdoar os pecados, Jesus revela que a verdadeira cura começa no coração. Quando buscamos a cura, devemos abrir espaço para o perdão e a transformação interior que Jesus nos oferece.

O que Deus me falou hoje?

17
Sábado | JAN 26

1Sm 9,1-4.17-19; 10,1a
Sl 20(21)
Mc 2,13-17

HOJE JESUS ESPERA DE VOCÊ A ABERTURA PARA QUE ELE POSSA O ILUMINAR E GUIAR COM SUA GRAÇA

Ofereço meu dia de oração para

SANTO DO DIA
Santo Antão

Evangelho do dia

Jesus lhes disse: "Não são os que têm saúde que precisam de médico, mas sim os doentes. Não vim chamar os justos, mas os pecadores".

Marcos, 2,17

PALAVRA DO CORAÇÃO
#salvação

Jesus nos lembra que sua missão é trazer cura e salvação! Ele não veio para os perfeitos, mas para aqueles que, humildemente, buscam a transformação. Possamos também nós, ao percebermos nossa necessidade de misericórdia, abrir-nos para o seu perdão redentor.

O que Deus me falou hoje?

18

JAN 26 | Domingo

Is 49,3.5-6
Sl 39(40)
1Cor 1,1-3
Jo 1,29-34

JESUS CONSEGUE SEMPRE UMA MANEIRA DE SE MANIFESTAR NA SUA VIDA, PARA QUE VOCÊ POSSA ENCONTRÁ-LO

Ofereço meu dia de oração para

2º Domingo do Tempo Comum

#liberdade
PALAVRA DO CORAÇÃO

Evangelho do dia

João, vendo que Jesus vinha a seu encontro, exclamou: "Eis o Cordeiro de Deus, que tira o pecado do mundo. Este é aquele de quem eu afirmei: Depois de mim vem um homem que me precedeu, porque existia antes de mim".

João 1,29-30

João Batista reconhece em Jesus aquele que liberta o mundo do pecado. Sua vida simples e humilde nos ensina a reconhecer Cristo como o Salvador eterno. Possamos também nós, ao seguirmos o Cordeiro de Deus, viver a libertação e a graça que Jesus nos oferece.

O que Deus me falou hoje?

QUANDO NOS PARECE QUE SOMOS IGNORADOS POR TODOS, DEUS PERMANECE ATENTO A CADA UM DE NÓS

19
Segunda | JAN 26
1Sm 15,16-23
Sl 49(50)
Mc 2,18-22

Ofereço meu dia de oração para

Evangelho do dia

"Por acaso ficaria bem que os convidados para um casamento fizessem jejum, enquanto o esposo está com eles? Enquanto está, não convém".

Marcos 2,19

Jesus nos ensina que a presença dele entre nós é motivo de alegria e festa, e não de tristeza ou penitência. Ao seguir o Cristo, possamos viver com a alegria da sua presença, renovando nossas forças no seu amor.

O que Deus me falou hoje?

20

JAN 26 | Terça

1Sm 16,1-13
Sl 88(89)
Mc 2,23-28

AINDA QUE OUTROS IGNOREM NOSSAS BOAS INTENÇÕES, JESUS CONHECE NOSSO CORAÇÃO

Ofereço meu dia de oração para

SANTO DO DIA
São Sebastião

PALAVRA
#descanso
DO CORAÇÃO

Evangelho do dia

"O sábado foi feito para o homem, e não o homem para o sábado. Por isso, o Filho do homem é senhor também do sábado".

Marcos 2,27-28

Jesus nos ensina que o verdadeiro valor do sábado está na missão de promover o bem e o descanso. Que tal também nós usarmos os dons divinos e o tempo de descanso a fim de nos aproximarmos mais de Deus e vivermos em plenitude?

O que Deus me falou hoje?

POR VEZES JESUS CONVOCA-NOS PARA NOS CONDUZIR A UM LUGAR MELHOR

21
Quarta | JAN 26
1Sm 17,32-33.37.40-51
Sl 143(144)
Mc 3,1-6

Ofereço meu dia de oração para

SANTO DO DIA
Santa Inês

Evangelho do dia

Jesus disse ao homem que tinha a mão atrofiada: "Levanta-te e vem para o meio!" E ele lhes perguntou: "O que é permitido fazer, num dia de sábado: o bem ou o mal? Salvar um ser vivo ou deixá-lo morrer?".

Marcos 3,3-4

PALAVRA
#desafio
DO CORAÇÃO

Jesus nos ensina que a verdadeira observância dos mandamentos de Deus não está nas regras, mas em fazer o bem e salvar vidas, especialmente nos momentos de necessidade. Possamos também nós, assim como ele, escolher sempre a vida e fazer o bem, mesmo quando isso for desafiador.

O que Deus me falou hoje?

22
JAN 26 Quinta

1Sm 18,6-9.19,1-7
Sl 55(56)
Mc 3,7-12

CORAÇÃO ABERTO DE CRISTO: POR ELE EXPERIMENTAMOS O ENCONTRO DO AMOR VERDADEIRO

Ofereço meu dia de oração para

SANTO DO DIA
Santo Anastácio

PALAVRA DO CORAÇÃO
#silêncio

Evangelho do dia

E quando os espíritos impuros o viam, se jogavam diante dele, gritando: "Tu és o Filho de Deus!". Mas ele os repreendia severamente para que não o tornassem conhecido.

Marcos 3,11-12

Mesmo sendo reconhecido pelos espíritos malignos, Jesus ordena fazer silêncio, pois sua missão não depende da afirmação de seus inimigos, mas do cumprimento da vontade do Pai. Crescemos na fé quando seguimos a Cristo sem alarde e valorizamos sua presença em nossas vidas.

O que Deus me falou hoje?

23
Sexta | JAN 26

EM MEIO AOS AFAZERES DO DIA A DIA, NÃO DEIXEMOS DE NOS ALIMENTAR COM A SANTA EUCARISTIA

1Sm 24,3-21
Sl 56(57)
Mc 3,13-19

Ofereço meu dia de oração para

SANTO DO DIA
São Vicente Pallotti

Evangelho do dia

Jesus subiu ao monte. E chamou os que queria para junto de si. E eles chegaram perto dele. Instituiu doze para serem seus companheiros, e para enviá-los a pregar.

Marcos 3,13-14

PALAVRA DO CORAÇÃO
#chamado

Jesus nos envia em missão, mas antes nos convida a viver com ele e sermos transformados por sua presença. Ele chama a todos e quando seguimos seu chamado, nos tornamos instrumentos de seu amor e anunciamos sua Palavra com maior entusiasmo.

O que Deus me falou hoje?

24
JAN 26 | Sábado

2Sm 1,1-4.11-12.19.23-27
Sl 79(80)
Mc 3,20-21

O CORAÇÃO DE CRISTO NOS LIBERTA

SANTO DO DIA
São Francisco de Sales

PALAVRA DO CORAÇÃO
#coragem

Ofereço meu dia de oração para

Evangelho do dia

E quando os familiares de Jesus souberam disto, foram lá para levá-lo embora, pois diziam: "Ele está fora de si".

Marcos 3,21

Jesus nos ensina que seguir a vontade de Deus pode muitas vezes parecer incompreensível aos olhos do mundo. Possamos também nós, ao nos dedicarmos à missão do Reino, ter a coragem para viver a verdade do Evangelho, mesmo que nos custe incompreensão e calúnias.

O que Deus me falou hoje?

CORAÇÃO DE JESUS, EU CONFIO EM VÓS!

25
Domingo | JAN 26

Is 8,23b-9,3 ou
At 9,1-22
Sl 26(27)
1Cor 1,10-13.17
Mt 4,12-23

Ofereço meu dia de oração para

3º Domingo do Tempo Comum

Evangelho do dia

Jesus lhes disse então: "Segui-me, e farei de vós pescadores de homens". E eles, largando as redes, o seguiram imediatamente.

Mateus 4,19-20

A resposta dos discípulos, imediata e decidida, inspira-nos a confiar plenamente no chamado que Deus nos faz. Possamos também nós, assim como eles, estar dispostos a deixar tudo para viver a verdadeira missão que Jesus nos confia sem estarmos apegados a nada e a ninguém.

PALAVRA DO CORAÇÃO
#seguir

O que Deus me falou hoje?

26

JAN 26 | Segunda

2Tm 1,1-8 ou Tt 1,1-5
Sl 95(96)
Lc 10,1-9

CRISTO, UMA FONTE DE ÁGUA VIVA QUE JORRA PARA A VIDA ETERNA

Ofereço meu dia de oração para

SANTO DO DIA
Santos Timóteo e Tito

PALAVRA #operários DO CORAÇÃO

Evangelho do dia

"A colheita é grande, mas os operários são poucos. Pedi ao dono da colheita que envie operários para a sua colheita".

Lucas 10,2

Jesus nos convida a orar e agir, pedindo a Deus que envie mais trabalhadores para sua obra. Ao mesmo tempo que pedimos, também nos dispomos a ser esses trabalhadores, prontos a espalhar o amor e a palavra de Cristo em nosso cotidiano.

O que Deus me falou hoje?

QUEM ENTRA PELA FERIDA DO SEU CORAÇÃO É ABRASADO EM CHAMAS DE AFETO

27
Terça | JAN 26

2Sm 6,12b-15.17-19
Sl 23(24)
Mc 3,31-35

Ofereço meu dia de oração para

SANTO DO DIA
Santa Ângela Mérici

Evangelho do dia

"Quem é minha mãe, e quem são meus irmãos? [...] Pois todo aquele que faz a vontade de Deus, esse é meu irmão e minha irmã e minha mãe".
Marcos 3,33b.35

PALAVRA DO CORAÇÃO
#família

A verdadeira família espiritual é formada não pelos laços de sangue, mas pela obediência à vontade de Deus. Possamos também nós viver conforme a vontade de Deus, sendo irmãos e irmãs no coração de Cristo e na vivência da missão que recebemos pelo Batismo.

O que Deus me falou hoje?

28
JAN 26 | Quarta

2Sm 7,4-17
Sl 88(89)
Mc 4,1-20

NÃO SOMOS NÓS QUE VIVEMOS, MAS É ELE QUE VIVE EM NÓS

SANTO DO DIA
Santo Tomás de Aquino

PALAVRA DO CORAÇÃO
#semear

Ofereço meu dia de oração para

Evangelho do dia

Jesus ensinava-lhes muitas coisas em parábolas e lhes dizia em seu ensinamento: "Ouvi! Um semeador saiu para semear".

Marcos 4,2-3

O nosso acolhimento e disposição em receber a palavra de Jesus determinam o fruto que ela poderá gerar em nossas vidas. Ao ouvirmos a voz de Cristo, possamos ser um solo fértil, que permita acolher seu ensinamento e produzir abundantes frutos de amor e paz.

O que Deus me falou hoje?

DEUS QUER SERVIR-SE DE MIM!

29
Quinta | JAN 26

2Sm 7,18-19.24-29
Sl 131(132)
Mc 4,21-25

Ofereço meu dia de oração para

SANTO DO DIA
São Pedro Nolasco

Evangelho do dia

"A lâmpada é trazida para ser colocada sobre o candelabro [...]. Com a medida com que medirdes, sereis medidos".

Marcos 4,21.24

PALAVRA DO CORAÇÃO
#justiça

O modo como medimos e julgamos os outros será o mesmo com que seremos avaliados. Não cabe a nós o julgamento, pelo contrário: que possamos viver com generosidade e justiça, refletindo a luz de Cristo em nossas ações e palavras.

O que Deus me falou hoje?

30

JAN 26 Sexta

2Sm 11,1-4a.5-10a.13-17
Sl 50(51)
Mc 4,26-34

SOMENTE A CONFIANÇA, E APENAS ELA, É QUE PODE NOS CONDUZIR AO AMOR

SANTO DO DIA: Santa Martina

PALAVRA DO CORAÇÃO: #germinar

Ofereço meu dia de oração para

Evangelho do dia

"Acontece com o Reino de Deus como a um homem que lança a semente na terra: quer ele durma, quer esteja de pé, de noite ou de dia, a semente germina e cresce, sem que ele saiba como".

Marcos 4,26-27

Jesus nos ensina que o Reino de Deus cresce de maneira misteriosa e silenciosa, como uma semente plantada na terra. Nossa tarefa é semear com fé e paciência, confiando que Deus fará a obra crescer. Confiemos na ação divina, sabendo que o bem que fizermos, com humildade e amor, sempre dará frutos.

O que Deus me falou hoje?

BASTA RECONHECER O PRÓPRIO NADA E ABANDONAR-SE COMO UMA CRIANÇA NOS BRAÇOS DE DEUS

31
Sábado | JAN 26

2Sm 12,1-7a.10-17
Sl 50(51)
Mc 4,35-41

Ofereço meu dia de oração para

SANTO DO DIA
São João Bosco

Evangelho do dia

Eles ficaram tomados de grande medo e diziam entre si: "Quem é este, a quem até o vento e o mar obedecem?"

Marcos 4,41

PALAVRA DO CORAÇÃO
#solução

Jesus nos mostra que, mesmo nas situações mais caóticas, ele tem o controle absoluto e traz a paz aos nossos corações. Quando enfrentamos nossos medos e buscamos solução para os problemas, devemos confiar plenamente no poder de Cristo sobre todas as coisas.

O que Deus me falou hoje?

um
coração
para
amar
e
Servir

fevereiro

2026
ANO A | MATEUS

oração

Senhor Jesus,
pela vossa palavra e pelos gestos de
vossas mãos, curastes cegos, paralíticos,
leprosos e tantos outros doentes.
Animados pela fé, nós também vimos
suplicar-vos pelos nossos enfermos.
Dai-lhes, Senhor: a graça da perseverança na oração,
apesar do desânimo próprio da doença.
A graça da coragem para buscar a cura,
mesmo depois de várias tentativas.
A graça da simplicidade para aceitar a ajuda
dos profissionais, familiares e amigos.
A graça da humildade para reconhecer as próprias limitações.
A graça da paciência nas dores e dificuldades do tratamento.
A graça de compreender, pela fé, a transitoriedade desta vida.
A graça de entender que o pecado é a maior de todas as enfermidades.
Que tenhamos todos a compreensão de que
no sofrimento humano se completa vossa Paixão Redentora.
Se for para vossa glória, nós vos pedimos
a cura de todos os nossos enfermos.
Amém!

intenção
de oração do Papa

CRIANÇAS COM DOENÇAS INCURÁVEIS

Rezemos para que as crianças que sofrem
de doenças incuráveis e suas famílias recebam
os cuidados médicos e o apoio necessários,
sem nunca perderem a força e a esperança.

diário do coração
2026

OS NOSSOS PRÓPRIOS SOFRIMENTOS SÃO ILUMINADOS E TRANSFIGURADOS PELA LUZ PASCAL DO AMOR

1
Domingo | FEV 26

Sf 2,3; 3,12-13
Sl 145(146)
1Cor 1,26-31
Mt 5,1-12a

Ofereço meu dia de oração para

4º Domingo do Tempo Comum

Evangelho do dia

Jesus tomou a palavra e ensinava-os assim: "Felizes os pobres em espírito [...]. Ficai alegres e contentes, porque será grande a vossa recompensa no céu".

Mateus 5,2-3a.12a

PALAVRA DO CORAÇÃO
#alegria

Jesus nos ensina que a verdadeira felicidade está na humildade e no desapego, pois os "pobres em espírito" recebem a promessa de uma grande recompensa no céu. Nossa alegria vem da certeza de que, com ele, a vida tem sentido e eternidade.

O que Deus me falou hoje?

2

FEV 26 Segunda

Ml 3,1-4 ou Hb 2,14-18
Sl 23(24)
Lc 2,22-40

CRISTO QUER PARTICIPAR DA NOSSA VIDA, TANTO QUANDO NOS FERIMOS COMO QUANDO NOS CONSOLAMOS

Apresentação do Senhor

PALAVRA DO CORAÇÃO
#salvação

Ofereço meu dia de oração para

Evangelho do dia

"Agora, Senhor Soberano, tu podes, segundo a tua palavra, deixar partir em paz este teu servo, porque os meus olhos contemplaram a tua salvação, que preparastes em favor de todos os povos".

Lucas 2,29-31

Simeão, ao ver o menino Jesus, reconhece a salvação prometida por Deus para todos os povos. Que nossa vida também seja um testemunho da esperança e da salvação que Jesus nos oferece.

O que Deus me falou hoje?

OS CORAÇÕES QUE CREEM NÃO VIVEM NA SOLIDÃO

3
Terça | FEV 26

2Sm 18,9-10.14b.24-25a.30-19,3
Sl 85(86)
Mc 5,21-43

Ofereço meu dia de oração para

SANTO DO DIA
São Brás

Evangelho do dia

Pegando na mão da menina, Jesus disse-lhe: "Talitá kum" – isto quer dizer: "Menina, levanta-te!". E no mesmo instante a menina se levantou e andava, pois tinha doze anos. E todos ficaram profundamente assombrados.

Marcos 5,41-42

PALAVRA DO CORAÇÃO
#restaurar

Jesus demonstra com gestos e palavras que pode restaurar e transformar a vida marcada pelo sofrimento. Possamos também nós, ao ouvirmos sua voz, nos deixar renovar e levantar para uma vida nova em Cristo.

O que Deus me falou hoje?

4

FEV 26 | Quarta

2Sm 24,2.9-17
Sl 31(32)
Mc 6,1-6

O AMOR PRECISA DA PURIFICAÇÃO DAS LÁGRIMAS, POIS ELAS NOS DEIXAM MAIS SEDENTOS DE DEUS

SANTO DO DIA
São João de Brito

PALAVRA DO CORAÇÃO
#profeta

Ofereço meu dia de oração para

Evangelho do dia

Jesus lhes dizia: "Um profeta só é estimado fora da sua terra natal, longe dos irmãos e da família em geral". E não podia fazer lá nenhum milagre, a não ser o de curar alguns doentes, impondo-lhes as mãos. E ficou admirado da falta de fé deles.

Marcos 6,4-6

Jesus nos ensina que, muitas vezes, a falta de fé impede o poder de Deus em nossas vidas. Possamos também nós abrir nossos corações para crer plenamente, permitindo que Deus aja em nós com poder e graça.

O que Deus me falou hoje?

A DOR QUE SENTIMOS NO CORAÇÃO DÁ LUGAR A UMA CONFIANÇA TOTAL

5
Quinta | FEV 26

1Rs 2,1-4.10-12
1Cr 29,10-12
Mc 6,7-13

Ofereço meu dia de oração para

SANTO DO DIA
Santa Águeda

Evangelho do dia

Jesus chamou os Doze, e enviou-os dois a dois. Deu-lhes poder sobre os espíritos impuros. Ordenou-lhes que não levassem nada consigo pelo caminho, a não ser o bordão: nada de pão, nada de sacola, nada de dinheiro na bolsa da cintura.

Marcos 6,7-8

PALAVRA DO CORAÇÃO
#missão

Jesus envia seus discípulos com total confiança em Deus, ensinando-os a confiar plenamente na providência divina. Oxalá possamos também nós ser fiéis ao chamado, confiando que Deus nos sustentará em cada passo da nossa jornada.

O que Deus me falou hoje?

6

FEV 26 | Sexta

Eclo 47,2-13
Sl 17(18)
Mc 6,14-29

A NOSSA DOR UNE-SE À DOR DE CRISTO NA CRUZ

SANTO DO DIA
São Paulo Miki e comp. Mártires

Ofereço meu dia de oração para

Evangelho do dia

Disse Herodes: "É João Batista, a quem mandei degolar: é ele que ressuscitou".

Marcos 6,16

PALAVRA #coragem DO CORAÇÃO

Mesmo diante do erro, Deus nos chama ao arrependimento e à conversão. Possamos também nós viver com integridade e coragem, sem fugir das consequências de nossas ações.

O que Deus me falou hoje?

PODEMOS EXPERIMENTAR A CONSOLAÇÃO INTERIOR DE SABER QUE O PRÓPRIO CRISTO SOFRE CONOSCO

7
Sábado | FEV 26

1Rs 3,4-13
Sl 118(119)
Mc 6,30-34

Ofereço meu dia de oração para

SANTO DO DIA
São Romualdo

Evangelho do dia

Quando Jesus saiu da barca, ele viu uma grande multidão e teve compaixão deles, porque eram como ovelhas sem pastor e começou a instruí-los longamente.

Marcos 6,34

PALAVRA DO CORAÇÃO
#compaixão

Jesus, ao ver a multidão perdida e sem direção, revela seu coração compassivo e começa a guiá-la com seu ensinamento. Ele é o Pastor que cuida de nós, oferecendo sabedoria e orientação. Abramos nossos corações para seu amor e sigamos seus passos com confiança.

O que Deus me falou hoje?

8

FEV 26 Domingo

Is 58,7-10
Sl 111(112)
1Cor 2,1-5
Mt 5,13-16

DEUS NOS CONSOLA PARA QUE NÓS POSSAMOS CONSOLAR OS OUTROS

Ofereço meu dia de oração para

5º Domingo do Tempo Comum

PALAVRA DO CORAÇÃO

#sal

Evangelho do dia

Disse Jesus: "Vós sois o sal da terra. Mas se acaso o sal vier a perder o sabor, com que poderá recuperá-lo? Não serve mais para nada. É jogado fora e pisado pelos homens. Vós sois a luz do mundo".

Mateus 5,13-14a

Jesus nos chama a ser sal e luz no mundo, preservando a verdade e iluminando os corações com seu amor. Se perdermos nossa essência, deixamos de cumprir nossa missão. Assim como o sal e a luz, sejamos testemunhas vivas do Evangelho, transformando a realidade ao nosso redor.

O que Deus me falou hoje?

A CARIDADE DE CRISTO NOS MOVE AO AMOR RECÍPROCO

9
Segunda FEV 26

1Rs 8,1-7.9-13
Sl 131(132)
Mc 6,53-56

Ofereço meu dia de oração para

SANTO DO DIA
Santa Apolônia

Evangelho do dia

Em toda parte aonde Jesus chegava, povoados, cidades ou sítios, traziam os enfermos às praças e estes suplicavam que lhes deixasse tocar pelo menos na franja do seu manto. E todos os que a tocavam ficavam curados.

Marcos 6,56

PALAVRA DO CORAÇÃO
#tocar

A fé das pessoas que buscavam Jesus, acreditando no poder de seu toque, revela a força transformadora da confiança em Deus. Assim como essas pessoas, nós também devemos buscar Jesus com fé, sabendo que ele tem o poder de restaurar nossas vidas.

O que Deus me falou hoje?

10

FEV 26 Terça

1Rs 8,22-23.27-30
Sl 83(84)
Mc 7,1-13

QUEM NÃO AMA PERMANECE NA MORTE

Ofereço meu dia de oração para

SANTO DO DIA
Santa Escolástica

PALAVRA #sinceridade DO CORAÇÃO

Evangelho do dia

Disse Jesus: "Com muita razão profetizou Isaías [...]. Este povo me honra com os lábios, mas seu coração está longe de mim. É vazio o culto que me prestam e o que ensinam não passa de preceitos humanos. Deixais de lado o mandamento de Deus e vos apegais às tradições dos homens."

Marcos 7,6b-8

Jesus nos alerta sobre o perigo de vivermos uma fé superficial, quando as palavras não correspondem às ações e o coração está distante de Deus. A verdadeira adoração vem de um coração sincero, que segue os mandamentos divinos. Possamos também nós viver uma fé autêntica, pautada pela verdade do Evangelho.

O que Deus me falou hoje?

JESUS, FAZEI O NOSSO CORAÇÃO SEMELHANTE AO VOSSO

11 Quarta | FEV 26

1Rs 10,1-10
Sl 36(37)
Mc 7,14-23

Ofereço meu dia de oração para

SANTO DO DIA
Nossa Senhora de Lourdes

Evangelho do dia

Jesus convocou novamente o povo e dizia: "Ouvi-me, vós todos, e entendei! Nada existe fora da gente que entre em alguém e o possa contaminar. O que dele sai, isto sim é o que o contamina".

Marcos 7,14-15

PALAVRA DO CORAÇÃO
#saúde

Jesus nos ensina que a verdadeira impureza não vem de coisas externas, mas do que habita em nosso coração. É a maldade, o rancor e o egoísmo que nos afastam de Deus. Purifiquemos nossos corações, buscando viver conforme a vontade divina e refletindo seu amor ao mundo.

O que Deus me falou hoje?

12

FEV 26 | Quinta

1Rs 11,4-13
Sl 105(106)
Mc 7,24-30

AJUDAI-NOS A PRESTAR MAIS ATENÇÃO AO SOFRIMENTO E ÀS NECESSIDADES DOS OUTROS

Ofereço meu dia de oração para

SANTO DO DIA
Santa Eulália

PALAVRA DO CORAÇÃO
#humildade

Evangelho do dia

Mas ela respondeu: "É verdade, Senhor. Mas também os cachorrinhos, que ficam debaixo da mesa, comem as migalhas das crianças".

Marcos 7,28

Mesmo nas pequenas migalhas de Deus, há abundante graça e salvação. É preciso vencer preconceitos e valorizar a fé dos demais. Possamos também nós, com humildade, confiar na bondade de Deus, sempre dispostos a receber seu amor.

O que Deus me falou hoje?

TORNAI-NOS SUFICIENTEMENTE FORTES PARA PARTICIPAR NA VOSSA OBRA DE LIBERTAÇÃO!

13
Sexta | FEV 26

1Rs 11,29-32; 12,19
Sl 80(81)
Mc 7,31-37

Ofereço meu dia de oração para

SANTO DO DIA
São Martiniano

Evangelho do dia

Jesus, erguendo os olhos ao céu, deu um suspiro e disse-lhe: "Effatá", isto é, "Abre-te!". "Ele tem feito bem todas as coisas! Faz os surdos ouvirem e os mudos falarem!".

Marcos 7,34.37

PALAVRA DO CORAÇÃO
#effatá

Jesus, ao dizer "Effatá", chama-nos a abrir nossos corações e nossas vidas para sua graça transformadora. Possamos também nós permitir que ele abra os nossos corações, para ouvirmos e proclamarmos sua Palavra com fé e confiança.

O que Deus me falou hoje?

14
FEV 26 Sábado

1Rs 12,26-32; 13,33-34
Sl 105(106)
Mc 8,1-10

POR QUE RAZÃO NÃO SOMOS CAPAZES DE DAR A NOSSA VIDA PELOS OUTROS?

Ofereço meu dia de oração para

SANTO DO DIA
Santos Cirilo e Metódio

PALAVRA DO CORAÇÃO
#multiplicar

Evangelho do dia

Jesus mandou então que a multidão se sentasse no chão; tomou os sete pães, deu graças, partiu-os e os entregou aos discípulos para que distribuíssem. Tinham também alguns peixinhos; recitou a fórmula da bênção sobre eles e disse: "Distribuí também estes".

Marcos 8,6-7

Jesus nos ensina a importância da gratidão e da partilha, pois, ao abençoar o que temos, ele multiplica e transforma o pouco em abundância. Assim como seus discípulos, queremos também nós partilhar o que temos com os demais.

O que Deus me falou hoje?

CRISTO REVELA A SUA GLÓRIA NA NOSSA PEQUENEZ

15
Domingo | FEV 26

Eclo 15,16-21
Sl 118(119)
1Cor 2,6-10
Mt 5,17-37

Ofereço meu dia de oração para

6º Domingo do Tempo Comum

Evangelho do dia

"Portanto, quem desobedecer a um só destes mandamentos, por menor que seja, e ensinar os homens a fazer o mesmo, será tido o menor no Reino dos céus, mas aquele que os cumprir e ensinar será considerado como grande no Reino dos Céus".

Mateus 5,19

PALAVRA #obediência DO CORAÇÃO

Não basta apenas conhecer a Palavra, é preciso praticá-la e ensiná-la aos outros mediante o exemplo. Possamos também nós ser fiéis e viver de acordo com a vontade de Deus, refletindo sua graça em nossas ações.

O que Deus me falou hoje?

16

FEV 26 Segunda

Tg 1,1-11
Sl 118(119)
Mc 8,11-13

SUPERA-SE O MAL COM O BEM!

Ofereço meu dia de oração para

SANTO DO DIA
Santo Onésimo

PALAVRA DO CORAÇÃO
#sinal

Evangelho do dia

Jesus deu um suspiro profundo e disse: "Por que esta geração pede um sinal? Em verdade vos digo, não será dado um sinal a esta geração".

Marcos 8,12

A busca por milagres visíveis não deve substituir nossa confiança no amor e poder de Deus. Em vez de buscar sinais, que possamos cultivar uma fé firme e confiante que nos faça ver e, ao mesmo tempo, crer no que não vemos.

O que Deus me falou hoje?

AMAI O SENHOR VOSSO DEUS COM UM CORAÇÃO PLENO E ÍNTEGRO

17
Terça | FEV 26
Tg 1,12-18
Sl 93(94)
Mc 8,14-21

Ofereço meu dia de oração para

SANTO DO DIA
Santo Aleixo Falconieri e companheiros

Evangelho do dia

Jesus lhes fez esta recomendação: "Atenção! Tomai cuidado com o fermento dos fariseus e com o fermento de Herodes".
Marcos 8,15

PALAVRA DO CORAÇÃO
#fermento

Jesus nos alerta contra o "fermento" da hipocrisia dos fariseus e da corrupção de Herodes, que contaminam nossa fé e nossa vida. Possamos nós, com discernimento, seguir a verdade do Evangelho e não nos deixarmos corromper.

O que Deus me falou hoje?

18

FEV 26 Quarta

Jl 2,12-18
Sl 50(51)
2Cor 5,20-6,2
Mt 6,1-6.16-18

QUE O SENHOR JESUS SEJA DOCE E SUAVE AO TEU CORAÇÃO

Quarta-Feira de Cinzas

PALAVRA
#bondade
DO CORAÇÃO

Ofereço meu dia de oração para

Evangelho do dia

"E o teu Pai, que enxerga até em lugar oculto, te dará a recompensa".
Mateus 6,18b

Nossos atos de bondade e fé, mesmo os mais secretos, não passam despercebidos a Deus. Vivamos o jejum, a oração e a caridade como dádivas deste tempo quaresmal. Assim poderemos agir com sinceridade, buscando agradar a Deus, e não para obter a aprovação dos outros.

O que Deus me falou hoje?

QUE A DOÇURA VENÇA SEMPRE TODO O AMARGOR DA VIDA

19
Quinta | FEV 26
Dt 30,15-20
Sl 1
Lc 9,22-25

Ofereço meu dia de oração para

SANTO DO DIA
São Conrado

Evangelho do dia

"Pois quem quiser salvar sua vida vai perdê-la, mas quem perder sua vida por minha causa vai salvá-la. De fato, de que serve ao homem ganhar o mundo inteiro se ele se perde e se arruína?"

Lucas 9,24b-25

Quem coloca a própria vida nas mãos de Deus encontra a verdadeira paz e salvação. Oxalá possamos perder nossas preocupações egoístas e buscar em Cristo o sentido profundo da vida.

PALAVRA DO CORAÇÃO
#sentido

O que Deus me falou hoje?

20

FEV 26 | Sexta

Is 58,1-9a
Sl 50(51)
Mt 9,14-15

APRENDEI DE MIM, QUE SOU MANSO E HUMILDE DE CORAÇÃO

SANTO DO DIA
Santos Francisco e Jacinta

PALAVRA DO CORAÇÃO
#presença

Ofereço meu dia de oração para

Evangelho do dia

Jesus respondeu: "Será que os convidados para um casamento podem ficar tristes enquanto o esposo está com eles? Tempo virá em que o esposo lhes será arrebatado, e então jejuarão".

Mateus 9,15

Jesus, ao se referir a si mesmo como o Esposo, lembra-nos que a sua presença é motivo de alegria. Vivamos com corações fiéis e esperançosos, aguardando sua plena manifestação.

O que Deus me falou hoje?

21
Sábado | FEV 26

NOSSO SENHOR NOS AMA SEMPRE: ELE SUPORTA NOSSAS FALTAS E IMPERFEIÇÕES

Is 58,9b-14
Sl 85(86)
Lc 5,27-32

Ofereço meu dia de oração para

SANTO DO DIA
São Pedro Damião

Evangelho do dia

Jesus lhes respondeu: "Não são os homens de boa saúde que precisam de médico, mas sim os doentes. Não vim chamar os justos, mas os pecadores para a conversão".

Lucas 5,31-32

PALAVRA DO CORAÇÃO
#conversão

Jesus veio para curar os corações feridos pelo pecado, oferecendo a todos a chance de conversão e vida nova. Ao reconhecermos a nossa fragilidade, busquemos sua cura e nossa transformação.

O que Deus me falou hoje?

22

FEV 26 Domingo

Gn 2,7-9; 3,1-7
Sl 50(51)
Rm 5,12-19
Mt 4,1-11

A CARIDADE QUE IRRADIA DO CORAÇÃO DE JESUS É A QUE IRRADIA NO AMOR ENTRE OS IRMÃOS

1º Domingo da Quaresma

Ofereço meu dia de oração para

PALAVRA DO CORAÇÃO
#deserto

Evangelho do dia

Então Jesus foi conduzido pelo Espírito à parte alta do deserto, para ser tentado pelo diabo. Jejuou quarenta dias e quarenta noites, e depois sentiu fome.

Mateus 4,1-2

Jesus, conduzido pelo Espírito ao deserto, ensina-nos a importância do silêncio e da oração para vencermos as tentações. Possamos também nós, em nossos próprios "desertos", confiar em Deus e perseverar em sua verdade.

O que Deus me falou hoje?

23
Segunda | FEV 26

Lv 19,1-2.11-18
Sl 18(19)
Mt 25,31-46

O AMOR DO CORAÇÃO DE JESUS É O AMOR QUE NÓS DEVEMOS TER POR TODOS OS SERES HUMANOS

Ofereço meu dia de oração para

SANTO DO DIA: São Policarpo

Evangelho do dia

"Porque tive fome e me destes de comer. Tive sede e me destes de beber. Era um estrangeiro e me acolhestes. Estava nu e me vestistes, doente e me visitastes, na prisão e me viestes ver. [...] Cada vez que fizestes isso a um dos menores desses meus irmãos, a mim o fizestes".

Mateus 25,35-36.40

PALAVRA DO CORAÇÃO: #reconhecer

Cada ato de bondade e cuidado pelos "pequeninos" é uma expressão do amor de Deus em nós. Possamos também nós viver nossa fé, acolhendo e ajudando aqueles que mais precisam e reconhecendo o Cristo em cada um.

O que Deus me falou hoje?

24
FEV 26 | Terça

Is 55,10-11
Sl 33(34)
Mt 6,7-15

NÃO BASTAM AS BOAS INTENÇÕES, É INDISPENSÁVEL UM DINAMISMO INTERIOR DE DESEJO

SANTO DO DIA: São Sérgio

PALAVRA DO CORAÇÃO #oração

Ofereço meu dia de oração para

Evangelho do dia

"E quando rezardes, não multipliqueis as palavras, como fazem os pagãos: pensam que, devido à força de muitas palavras, é que serão atendidos. Portanto, rezai assim: Pai Nosso que estás nos céus, santificado seja o teu nome".

Mateus 6,7.9

Jesus nos apresenta o "Pai nosso" como modelo, mostrando que devemos nos aproximar de Deus com confiança e simplicidade. Assim, ao orarmos, busquemos uma conexão profunda com o Pai, confiantes em sua presença e cuidado.

O que Deus me falou hoje?

RECONHECER A CULPA E PEDIR PERDÃO!

25
Quarta | FEV 26

Jn 3,1-10
Sl 50(51)
Lc 11,29-32

Ofereço meu dia de oração para

SANTO DO DIA
São Sebastião Aparício

Evangelho do dia

Jesus continuou: "Esta raça é uma raça perversa; pede um sinal e não lhe será dado outro senão o de Jonas. E aqui está quem é maior que Jonas!"

Lucas 11,29b.32c

PALAVRA DO CORAÇÃO
#sinal

Jesus nos alerta contra a busca por sinais externos, pois a verdadeira fé não depende de milagres, mas de um coração sincero. Que possamos acreditar em sua palavra e viver com confiança em sua obra redentora.

O que Deus me falou hoje?

26
FEV 26 Quinta

Est 4,17n.p-r.aa-bb.gg-hh
Sl 137(138)
Mt 7,7-12

DO SENTIMENTO PROFUNDO E SINCERO DE QUE O AMOR FOI FERIDO, NASCE O DESEJO DE REPARAR

SANTO DO DIA
Santo Alexandre

PALAVRA DO CORAÇÃO
#perseverança

Ofereço meu dia de oração para

Evangelho do dia

"Pedi e vos será dado, procurai e achareis. batei na porta e ela se abrirá para vós. Porque todo aquele que pede, recebe. O que procura, acha. A quem bate, se abrirá a porta."

Mateus 7,7b-8

Jesus nos ensina que Deus está sempre disposto a nos ouvir e a nos abençoar e atender, mas precisamos buscar com fé e perseverança. Possamos também nós confiar na generosidade de Deus e ser persistentes em nossa oração.

O que Deus me falou hoje?

27
Sexta | FEV 26

Ez 18,21-28
Sl 129(130)
Mt 5,20-26

RECONHECER O PRÓPRIO PECADO PERANTE OS OUTROS É DEIXAR DE MENTIR A SI MESMO

Ofereço meu dia de oração para

SANTO DO DIA
São Gabriel de N. Senhora das Dores

Evangelho do dia

"Se estiveres para apresentar a tua oferta ao pé do altar, e ali te lembrares de que teu irmão tem qualquer coisa contra ti, larga tua oferta diante do altar, e vai primeiro reconciliar-te com o teu irmão".

Mateus 5,23-24

PALAVRA DO CORAÇÃO
#harmonia

Antes de nos aproximarmos de Deus, devemos buscar a paz e a reconciliação com nossos irmãos. Portanto, possamos também nós, com humildade e amor, cultivar o perdão e vivermos em harmonia, revelando o coração amoroso de Deus.

O que Deus me falou hoje?

28

FEV 26 Sábado

Dt 26,16-19
Sl 118(119)
Mt 5,43-48

PEDIR PERDÃO É UMA FORMA DE CURAR AS RELAÇÕES

SANTO DO DIA
São Romano

PALAVRA
#santidade
DO CORAÇÃO

Ofereço meu dia de oração para

Evangelho do dia

"Amai os vossos inimigos e rezai por aqueles que vos perseguem! [...] Portanto, sede perfeitos como o vosso Pai celeste é perfeito."

Mateus 5,44.48

Jesus nos desafia a amar não apenas os amigos, mas também os nossos inimigos. A verdadeira perfeição está em perdoar e agir com misericórdia, como o Pai nos ensina. Possamos também nós viver esse amor radical, superando o ódio e sendo instrumentos da paz.

O que Deus me falou hoje?

março

2026
ANO A | MATEUS

oração
PAPA FRANCISCO

Senhor, ajudai-nos! Dai-nos a vossa paz, ensinai-nos a vossa paz, guiai-nos para a paz. Abri os nossos olhos e os nossos corações e dai-nos a coragem de dizer: "nunca mais a guerra"; "com a guerra, tudo fica destruído"!

Infundi em nós a coragem de realizar gestos concretos para construir a paz. Senhor, Deus de Abraão e dos Profetas, Deus-Amor que nos criastes e chamais a viver como irmãos, dai-nos a força para sermos cada dia artesãos da paz; dai-nos a capacidade de olhar com benevolência todos os irmãos que encontramos no nosso caminho.

Tornai-nos disponíveis para ouvir o grito dos nossos semelhantes que nos pedem para transformar as nossas armas em instrumentos de paz, os nossos medos em confiança e as nossas tensões em perdão.

Mantende acesa em nós a chama da esperança para realizar, com paciente perseverança, opções de diálogo e reconciliação, para que vença finalmente a paz.

Amém.

intenção
de oração do Papa

PELO DESARMAMENTO E PELA PAZ

Rezemos para que as nações avancem em direção a um desarmamento efetivo, especialmente o desarmamento nuclear, e para que os líderes mundiais escolham o caminho do diálogo e da diplomacia em vez da violência.

O AMOR PODE SEMPRE RENASCER

1
Domingo | MAR 26

Gn 12,1-4a
Sl 32(33)
2Tm 1,8b-10
Mt 17,1-9

Ofereço meu dia de oração para

2º Domingo da Quaresma

Evangelho do dia

Jesus tomou consigo Pedro, Tiago e seu irmão João, e os levou a um lugar à parte, sobre um alto monte. Transfigurou-se diante deles; o seu rosto brilhava como o sol e sua roupa tornou-se branca como a luz.

Mateus 17,1-2

PALAVRA DO CORAÇÃO
#transfigurar

Na transfiguração de Jesus, vemos a luz divina que revela a sua verdadeira natureza. Ele leva seus discípulos à montanha para que possam experimentar a glória celeste, revelando que a fé nos conduz a um encontro profundo com Deus. Possamos também nós buscar essa transformação na presença de Cristo.

O que Deus me falou hoje?

2

MAR 26 Segunda

Dn 9,4b-10
Sl 78(79)
Lc 6,36-38

UM CORAÇÃO CAPAZ DE COMPAIXÃO PODE CRESCER EM FRATERNIDADE E SOLIDARIEDADE

SANTO DO DIA: São Simplício

PALAVRA DO CORAÇÃO: #misericórdia

Ofereço meu dia de oração para

Evangelho do dia

Disse Jesus aos seus discípulos: "Sede misericordiosos, como vosso Pai é misericordioso. Não julgueis e não sereis julgados; não condeneis e não sereis condenados; perdoai, e sereis perdoados".

Lucas 6,36-37

Jesus nos chama a fazer brilhar a misericórdia de Deus em nossas ações. Ao perdoarmos e não julgarmos, tornamo-nos mais próximos do coração do Pai, vivendo em harmonia e amor. Oxalá possamos, a cada dia, praticar essa misericórdia que nos é dada com abundância.

O que Deus me falou hoje?

3

Terça | MAR 26

Is 1,10.16-20
Sl 49(50)
Mt 23,1-12

SÓ A FÉ A PODE DESCOBRIR!

Ofereço meu dia de oração para

SANTO DO DIA
São Marinho

Evangelho do dia

"O maior dentre vós se faça vosso servidor. Quem se exaltar será humilhado, e quem se humilhar será exaltado".

Mateus 23,11-12

Jesus nos ensina que a verdadeira grandeza está no serviço ao próximo, e não na busca por poder ou reconhecimento. A humildade é o caminho para a exaltação, pois Deus valoriza aqueles que se colocam à disposição dos outros com amor e dedicação.

PALAVRA DO CORAÇÃO
#humildade

O que Deus me falou hoje?

4

MAR 26 Quarta

Jr 18,18-20
Sl 30(31)
Mt 20,17-28

PELA SUA ENTREGA NA CRUZ POR NÓS, SÓ CRISTO SALVA!

Ofereço meu dia de oração para

SANTO DO DIA
São Casimiro

PALAVRA DO CORAÇÃO
#fidelidade

Evangelho do dia

"Haveis de beber do meu cálice. Mas a quanto vos sentardes à minha direita ou à minha esquerda, não me cabe concedê-lo, porque estes lugares são destinados àqueles para os quais meu Pai os reservou".

Mateus 20,23

O Pai, em sua sabedoria, reserva para cada um de nós o lugar que ele reservou, segundo sua vontade. Devemos confiar em sua justiça e viver com humildade e fidelidade, aguardando o momento sublime de encontro pessoal com Deus na eternidade.

O que Deus me falou hoje?

OS SOFRIMENTOS TÊM MUITAS VEZES A VER COM O NOSSO EGO FERIDO

5
Quinta | MAR 26
Jr 17,5-10
Sl 1
Lc 16,19-31

Ofereço meu dia de oração para

SANTO DO DIA
São João José da Cruz

Evangelho do dia

"Meu filho, lembra-te que recebeste os teus bens durante a vida e Lázaro recebeu os seus males. Agora ele encontra consolo aqui, enquanto tu padeces".

Lucas 16,25

PALAVRA DO CORAÇÃO
#tesouro

Jesus nos alerta sobre as consequências de nossas escolhas, mostrando que as riquezas terrenas não são tudo e não garantem nada. Possamos nós viver com generosidade e justiça, buscando o verdadeiro tesouro no céu.

O que Deus me falou hoje?

6

MAR 26 Sexta

Gn 37,3-4.12-13a.
17b-28
Sl 104(105)
Mt 21,33-43.45-46

DEUS QUIS VIR ATÉ NÓS HUMILHANDO-SE, FAZENDO-SE PEQUENO

SANTO DO DIA
Santa Rosa de Viterbo

PALAVRA DO CORAÇÃO
#herança

Ofereço meu dia de oração para

Evangelho do dia

"Mas os vinhateiros viram o filho e disseram entre si: 'Este é o herdeiro! Vamos matá-lo e tomemos a sua herança!'."

Mateus 21,38

Os vinhateiros buscam o poder e o controle, mas esquecem que a verdadeira herança é Deus e só ele pode nos dar a vida eterna. Possamos também nós aprender a reconhecer e acolher o Filho, fonte de nossa salvação.

O que Deus me falou hoje?

UM CORAÇÃO HUMANO QUE DÁ ESPAÇO AO AMOR DE CRISTO, TORNA-SE CAPAZ DE AMAR OS OUTROS

7 — Sábado MAR 26

Mq 7,14-15.18-20
Sl 102(103)
Lc 15,1-3.11-32

Ofereço meu dia de oração para

SANTO DO DIA
Santas Perpétua e Felicidade

Evangelho do dia

"No entanto, era preciso festejar e ficar alegre, porque esse teu irmão estava morto e voltou à vida, estava perdido e foi encontrado!"

Lucas 15,32

Jesus nos fala sobre o coração do Pai, que está sempre esperando a volta do filho, que tanto ama e perdoa. O filho perdido representa a todos nós, que, mesmo tendo nos afastado de Deus, somos acolhidos com amor e misericórdia quando retornamos. Celebremos com alegria a graça da salvação, que nos dá nova vida.

PALAVRA DO CORAÇÃO: #festejar

O que Deus me falou hoje?

8

MAR 26 Domingo

Ex 17,3-7
Sl 94(95)
Rm 5,1-2.5-8
Jo 4,5-42

O AMOR DE CRISTO ABRAÇA E SALVA!

Ofereço meu dia de oração para

3º Domingo da Quaresma

PALAVRA DO CORAÇÃO
#plenitude

Evangelho do dia

"Quem bebe desta água terá sede novamente; mas quem beber da água que eu lhe der, nunca mais terá sede: porque a água que eu lhe der, nele se tornará em fonte de água corrente, para a vida eterna."

João 4,14

Jesus nos oferece a água viva que nos sacia de maneira plena. Ao bebermos dessa água, encontramos a verdadeira paz e plenitude que nada neste mundo pode nos oferecer. Possamos também nós acolher o dom da vida eterna que Jesus nos dá, transformando-nos em fontes de sua graça.

O que Deus me falou hoje?

JESUS NOS ENVIA PARA FAZERMOS O BEM!

9 Segunda MAR 26

2Rs 5,1-15a
Sl 41(42); Sl 42
Lc 4,24-30

Ofereço meu dia de oração para

Santo do dia: Santa Francisca Romana

Evangelho do dia

Jesus, vindo a Nazaré, disse ao povo na sinagoga: "Em verdade eu vos digo que nenhum profeta é bem recebido em sua terra".

Lucas 4,24

#abertura — PALAVRA DO CORAÇÃO

Jesus nos ensina que, muitas vezes, aqueles que mais nos conhecem são os que mais resistem à nossa mensagem. Peçamos-lhe que nós estejamos abertos a ouvir e viver a verdade, mesmo quando ela desafia nossas expectativas.

O que Deus me falou hoje?

10

MAR 26 | Terça

Dn 3,25.34-43
Sl 24(25)
Mt 18,21-35

SE VOCÊ SE FECHAR NO SEU CONFORTO, ISSO NÃO LHE DARÁ SEGURANÇA

Ofereço meu dia de oração para

SANTO DO DIA
São João Ogilvie

PALAVRA DO CORAÇÃO
#compaixão

Evangelho do dia

"'Não devias tu também ter pena do teu companheiro, como eu tive de ti?' [...] Do mesmo modo também procederá convosco meu Pai celeste, se cada um de vós não perdoar a seu irmão de todo o coração."

Mateus 18,33.35

Jesus nos ensina que a compaixão e o perdão devem ser praticados do mesmo modo como Deus nos perdoa. Se não formos capazes de perdoar nossos irmãos, bloqueamos a graça divina em nossas vidas. Possamos também nós perdoar de coração, sendo sinal da misericórdia infinita do Pai.

O que Deus me falou hoje?

11
Quarta | MAR 26

QUEM NÃO CUMPRE A SUA MISSÃO NESTA TERRA NÃO PODE SER FELIZ, FICA FRUSTRADO!

Dt 4,1.5-9
Sl 147(147B)
Mt 5,17-19

Ofereço meu dia de oração para

SANTO DO DIA: São Constantino

Evangelho do dia

"Portanto, quem desobedecer a um só destes mandamentos, por menor que seja, e ensinar os homens a fazer o mesmo, será tido como o menor no Reino dos Céus, mas aquele que os cumprir e ensinar, este será tido como grande no Reino dos céus."

Mateus 5,19

PALAVRA #discernimento DO CORAÇÃO

Jesus nos chama a viver e ensinar seus mandamentos com fidelidade, pois é pela prática que mostramos nosso amor a Deus. Cada pequeno gesto de obediência é um passo rumo à grandeza no Reino dos céus. Que nossa vida seja um reflexo do Evangelho, guiando outros à verdadeira felicidade.

O que Deus me falou hoje?

12

MAR 26 Quinta

Jr 7,23-28
Sl 94(95)
Lc 11,14-23

NÃO SE ATIRE AO ABISMO NEM SE DEIXE ENTREGAR: JESUS NOS CONDUZ E ACOMPANHA SEMPRE

Ofereço meu dia de oração para

SANTO DO DIA
São Luís Orione

PALAVRA DO CORAÇÃO
#recolher

Evangelho do dia

"Todo reino dividido dentro de si mesmo ficará arruinado, caindo casa sobre casa. [...] Quem não está comigo, está contra mim. E quem não recolhe comigo, dispersa."

Lucas 11,17b.23

Jesus nos alerta sobre a importância da unidade em sua missão. Dividir-nos e afastar-nos dele é cair no caos e na destruição. Possamos nós ser firmes em nossa fé, trabalhando juntos para edificar o Reino de Deus e não desperdiçar as bênçãos que o Senhor nos oferece.

O que Deus me falou hoje?

13
Sexta | MAR 26

EIS QUE EU ESTAREI CONVOSCO TODOS OS DIAS, ATÉ O FIM DOS TEMPOS!

Os 14,2-10
Sl 80(81)
Mc 12,28b-34

Ofereço meu dia de oração para

SANTO DO DIA
Santa Eufrásia

Evangelho do dia

"O Senhor nosso Deus é o único Senhor; e amarás o Senhor teu Deus de todo o coração, com toda a tua alma, com toda a tua inteligência e com todas as tuas forças."

Marcos 12,29b-30

PALAVRA DO CORAÇÃO
#intimidade

Jesus nos chama a amar a Deus com tudo o que somos, entregando-lhe o coração, a alma, o entendimento e a força. É um convite a viver esse amor, buscando sempre a intimidade com o Senhor em cada ação.

O que Deus me falou hoje?

14
MAR 26 Sábado

Os 6,1-6
Sl 50(51)
Lc 18,9-14

TENHA CORAGEM: JESUS O ILUMINA, ACOMPANHA E FORTALECE!

SANTO DO DIA: Santa Matilde

PALAVRA DO CORAÇÃO: #bondade

Ofereço meu dia de oração para

Evangelho do dia

O publicano voltou para casa justificado, ao contrário do outro. Porque quem se exalta será humilhado e quem se humilha será exaltado.

Lucas 18,14

A humildade diante de Deus é o caminho para a verdadeira justiça. O publicano, reconhecendo sua fragilidade, encontrou perdão, enquanto o orgulhoso ficou distante da graça. Busquemos, com humildade, a bondade divina que anima nossos corações.

O que Deus me falou hoje?

NÃO IMPORTA SE CONSEGUIRÁ VER ALGUM RESULTADO; DEIXE ISSO PARA O SENHOR, QUE TRABALHA NO SEGREDO DOS CORAÇÕES

15
Domingo | MAR 26

1Sm 16,1b.6-7.10-13a
Sl 22(23)
Ef 5,8-14
Jo 9,1-41

Ofereço meu dia de oração para

4º Domingo da Quaresma

Evangelho do dia

Jesus cuspiu no chão, fez um pouco de lama com a saliva e untou os olhos do cego com ela, ordenando-lhe: "Vai te lavar na piscina de Siloé". O cego foi, lavou-se e voltou enxergando.

João 9,6-7

PALAVRA DO CORAÇÃO
#palavra

Jesus nos mostra que, mesmo nos gestos simples e inesperados, ele traz cura e transformação. O cego, ao obedecer a palavra de Cristo, recebeu a visão física e espiritual. Confiemos em sua ação e abramos nossos olhos para a luz que o Senhor nos oferece.

O que Deus me falou hoje?

16
MAR 26 Segunda

Is 65,17-21
Sl 29(30)
Jo 4,43-54

NÃO DEIXE DE VIVER A ALEGRIA DE TENTAR COMUNICAR O AMOR DE CRISTO AOS OUTROS

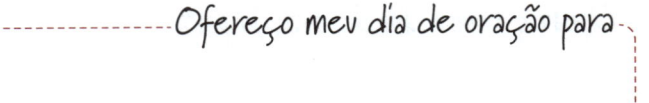

Ofereço meu dia de oração para

SANTO DO DIA
Santa Eusébia

PALAVRA DO CORAÇÃO
#acreditar

Evangelho do dia

Jesus lhe disse: "Volta para casa, teu filho vai viver". O homem acreditou na palavra que Jesus lhe disse e partiu. Já tinha chegado à descida para Cafarnaum, quando seus servidores lhe vieram ao encontro, gritando: "Teu filho vai bem".

João 4,50-51

Neste evangelho, vemos o poder da fé e da palavra de Jesus. O oficial acreditou antes mesmo de ver a cura, demonstrando confiança plena em Cristo. Possa ser a nossa fé firme, e que ela nos leve a confiar no poder de Deus, mesmo quando não vemos os resultados imediatamente.

O que Deus me falou hoje?

A ORAÇÃO DEVE CONDUZIR À REMOÇÃO DAQUELA QUIETUDE DO NOSSO CORAÇÃO

17
Terça | MAR 26
Ez 47,1-9.12
Sl 45(46)
Jo 5,1-16

Ofereço meu dia de oração para

SANTO DO DIA
São Patrício

Evangelho do dia

"Senhor, não tenho ninguém que me faça mergulhar na piscina quando borbulham as águas. Quando chego, outro já desceu antes de mim". Jesus lhe disse: "Levanta-te, apanha teu leito e anda". No mesmo instante o homem ficou curado. Apanhou seu leito e começou a andar.

João 5,7-9

PALAVRA DO CORAÇÃO
#levantar

Jesus nos mostra que, mesmo quando nos sentimos sozinhos e sem ajuda, ele está sempre pronto para nos curar e transformar. A palavra dele tem poder para nos levantar das nossas limitações. Confiemos na ação de Cristo, que nos chama a caminhar para a plenitude da vida.

O que Deus me falou hoje?

18

MAR 26 Quarta

Is 49,8-15
Sl 144(145)
Jo 5,17-30

REZAR BEM É SE ENCONTRAR COM O SENHOR E APRESENTAR-LHE TODAS AS OUTRAS PESSOAS QUE JÁ ESTÃO NO CORAÇÃO DELE

Ofereço meu dia de oração para

SANTO DO DIA
São Cirilo de Jerusalém

PALAVRA DO CORAÇÃO
#amor

Evangelho do dia

"Assim como o Pai ressuscita os mortos e lhes dá a vida, também o Filho dá a vida a quem ele quer. [...] Porque não procuro a minha vontade, mas a vontade daquele que me enviou."

João 5,21.30c

Jesus nos revela que ele é a fonte da verdadeira vida, e sua missão é cumprir a vontade do Pai. Ao se entregar completamente à vontade divina, o Senhor nos oferece a vida eterna. Assim como Cristo, possamos também nós buscar sempre a vontade de Deus em nossas vidas.

O que Deus me falou hoje?

A ORAÇÃO NOS TORNA PESSOAS COM MAIS ESPÍRITO

19
Quinta | MAR 26

2Sm 7,4-5a.12-14a.16
Sl 88(89)
Rm 4,13.16-18.22
Mt 1,16.18-21.24a ou
Lc 2,41-51

Ofereço meu dia de oração para

SANTO DO DIA
São José, esposo de Maria

PALAVRA DO CORAÇÃO
#fidelidade

Evangelho do dia

Um anjo do Senhor lhe apareceu em sonho e lhe disse: "José, filho de Davi, não tenhas medo de tomar contigo Maria, tua esposa, porque o que foi gerado nela vem do Espírito Santo". Acordando do sono, José fez como lhe tinha ordenado o anjo do Senhor.

Mateus 1,20.24a

José, em sua obediência e confiança, ensina-nos a importância de ouvir a voz de Deus e agir com fé, mesmo diante do desconhecido. Ao acolher a vontade divina, ele se torna um servidor fiel. Assim como José, possamos também nós confiar plenamente nos planos de Deus e agir conforme sua vontade.

O que Deus me falou hoje?

20

MAR 26 Sexta

Sb 2,1a.12-22
Sl 33(34)
Jo 7,1-2.10.25-30

DEUS É GENEROSO EM SUA BONDADE!

Ofereço meu dia de oração para

SANTO DO DIA
Santo Ambrósio de Sena

PALAVRA DO CORAÇÃO
#conhecer

Evangelho do dia

Disse Jesus: "Sim, vós me conheceis e sabeis de onde sou. No entanto, não vim pela minha vontade; aquele que me mandou é veraz, mas vós não o conheceis. Eu o conheço, porque venho dele e foi ele que me enviou".

João 7,28b.29

Jesus é o enviado do Pai, e a verdadeira compreensão de Deus vem do conhecer o Filho. Por meio de Cristo, temos acesso à verdade divina. Possamos nós abrir os nossos corações para conhecê-lo ainda mais profundamente e seguir fielmente seu caminho.

O que Deus me falou hoje?

CRISTO QUER TAMBÉM TRANSFORMAR A SUA VIDA E O SEU CORAÇÃO: ABRA ESPAÇO PARA ELE!

21
Sábado | MAR 26

Jr 11,18-20
Sl 7
Jo 7,40-53

Ofereço meu dia de oração para

SANTO DO DIA
São Serapião

Evangelho do dia

Muitos daquela gente que tinham ouvido essas palavras de Jesus, afirmavam: "Verdadeiramente, ele é o Profeta!". Outros: "Ele é o Cristo". Mas os outros discordavam: "O Cristo pode vir da Galileia?".

João 7,40-41

PALAVRA DO CORAÇÃO
#acolher

Neste evangelho, vemos a divisão gerada pela figura de Jesus: uns o reconhecem como o Cristo, isto é, o Messias, enquanto outros duvidam. Em vez de questionar, possamos nós abrir os nossos corações para reconhecer Jesus como o Salvador, independente das nossas limitações.

O que Deus me falou hoje?

22

MAR 26 Domingo

Ez 37,12-14
Sl 129(130)
Rm 8,8-11
Jo 11,1-45

VOLTEMOS NOSSO CORAÇÃO PARA O SENHOR E ESCUTEMOS SUA PROMESSA

5º Domingo da Quaresma

Ofereço meu dia de oração para

PALAVRA DO CORAÇÃO
#ressurreição

Evangelho do dia

Quando Jesus chegou, encontrou Lázaro já sepultado havia quatro dias. [...] Então disse: "Eu sou a ressurreição e a vida. Todo aquele que crê em mim, mesmo se morrer, viverá; e todo aquele que vive e crê em mim, não morrerá para sempre".

João 11,17.25-26

Jesus é a fonte de toda vida e é a vitória sobre a morte. Além da esperança que transcende a morte física, a fé nele nos garante a ressurreição e a vida eterna. Possamos também nós crer plenamente em Cristo, nossa vida e ressurreição, e viver com a certeza de sua promessa.

O que Deus me falou hoje?

O JUGO DE CRISTO É FÁCIL DE CARREGAR, SEU FARDO É LEVE. ISSO PORQUE ELE NOS CARREGA

23
Segunda | MAR 26
Dn 13,1-9.15-17.19-30.33-62
Sl 22(23)
Jo 8,1-11

Ofereço meu dia de oração para

SANTO DO DIA
São Turíbio de Mongrovejo

Evangelho do dia

Os escribas e os fariseus trouxeram uma mulher surpreendida em adultério. [...] Jesus lhes disse: "Quem dentre vós estiver sem pecado, atire a primeira pedra".

João 8,3.7

PALAVRA DO CORAÇÃO
#temperança

Jesus nos ensina que todos somos pecadores e carecemos da misericórdia de Deus. Em vez de julgar, o Senhor nos chama a refletir sobre nossas próprias falhas e a praticar a compaixão. Assim como Jesus, somos chamados a oferecer perdão e acolhimento, e não julgar nem condenar.

O que Deus me falou hoje?

24

MAR 26 | Terça

Nm 21,4-9
Sl 101(102)
Jo 8,21-30

DEUS DESEJA HABITAR EM NOSSOS CORAÇÕES!

Ofereço meu dia de oração para

SANTO DO DIA
Santo Oscar Romero

PALAVRA DO CORAÇÃO
#união

Evangelho do dia

"Quando tiverdes levantado o Filho do homem, então sabereis que 'Eu sou', e nada faço por mim mesmo; mas falo assim como o Pai me ensinou. E quem me enviou está comigo, e não me deixou só, porque sempre faço o que lhe agrada."

João 8,28-29

A missão de Jesus é completamente alinhada com a vontade do Pai, e essa união com Deus é a fonte de sua autoridade. Quando o reconhecemos, vemos a verdade de sua divindade e obediência. Vivamos nossos dias em obediência a Deus, buscando sempre servi-lo em tudo o que fazemos.

O que Deus me falou hoje?

QUE NADA ME DEPRIMA OU DESANIME

25
Quarta | MAR 26

Is 7,10-14; 8,10
Sl 39(40)
Hb 10,4-10
Lc 1,26-38

Ofereço meu dia de oração para

Anunciação do Senhor

Evangelho do dia

O anjo entrou onde ela estava e lhe disse: "Alegra-te, cheia de graça! O Senhor está contigo. [...] Conceberás e darás à luz um filho, ao qual porás o nome de Jesus. Ele será grande e será chamado Filho do Altíssimo".

Lucas 1,28.31-32a

PALAVRA #alegria DO CORAÇÃO

O anúncio do anjo a Maria revela o plano divino da salvação, e sua resposta de fé nos ensina a confiar plenamente nos caminhos de Deus. Maria, cheia de graça, se torna o caminho escolhido para trazer o salvador ao mundo. Assim como ela, queremos dizer "sim" aos planos divinos em nossas vidas.

O que Deus me falou hoje?

26

MAR 26 | Quinta

Gn 17,3-9
Sl 104(105)
Jo 8,51-59

QUERO LEVAR A MINHA CRUZ COM HUMILDADE E MANSIDÃO

Ofereço meu dia de oração para

SANTO DO DIA
São Bráulio de Saragoça

PALAVRA DO CORAÇÃO
#glorificação

Evangelho do dia

"Em verdade, em verdade, eu vos digo: se alguém guardar a minha palavra, não morrerá nunca. [...] Se me glorificasse a mim mesmo, minha glória seria vã. Meu Pai é que me glorifica".

João 8,51.54

Jesus nos ensina que a verdadeira vida está em guardar suas palavras, e que a glória que importa é a do Pai. Sua missão não é a de se exaltar, mas a de levar-nos à salvação por meio da obediência a Deus. Que sejamos, no seguir a Cristo, reflexo da glória de Deus em nossas vidas.

O que Deus me falou hoje?

27
Sexta | MAR 26

Jr 20,10-13
Sl 17(18)
Jo 10,31-42

QUERO AMAR MEUS IRMÃOS E SERVI-LOS COM ALEGRIA

Ofereço meu dia de oração para

SANTO DO DIA
São Ruperto

Evangelho do dia

"Por nenhuma obra boa queremos apedrejar-te, mas por causa da blasfêmia. Porque não sendo mais que um homem, pretendes tornar-te Deus". [...] Novamente procuravam prendê-lo, mas ele se livrou de suas mãos.

João 10,33.39

PALAVRA DO CORAÇÃO
#rejeição

A rejeição a Jesus nos lembra que, ao segui-lo, devemos estar preparados para os desafios e mal-entendidos, confiando sempre na sua missão e autoridade. Possa a nossa fé, em sua verdade, fortalecer-nos diante das adversidades de cada dia.

O que Deus me falou hoje?

28

MAR 26 Sábado

Ez 37,21-28
Jr 31,10.11-12ab.13
Jo 11,45-56

O CORAÇÃO E A VIDA INTEIRA DE QUEM SE ENCONTRA COM JESUS SÃO PREENCHIDOS PELA ALEGRIA DO EVANGELHO

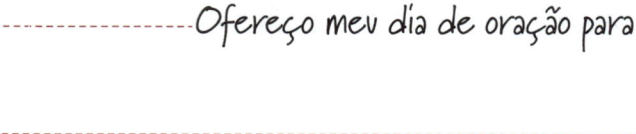

SANTO DO DIA
Santa Gisela

PALAVRA DO CORAÇÃO
#sinais

Ofereço meu dia de oração para

Evangelho do dia

"Este homem está fazendo muitos sinais. Se o deixamos continuar assim, todos crerão nele." [...] "Não compreendeis então que é melhor para vós morrer um só homem pelo povo, do que ser destruída toda a nação?"

João 11,47c-48.50

Neste evangelho, vemos o dilema daqueles que, temendo perder o controle, decidem sacrificar Jesus. No entanto, sua morte, por mais que fosse um ato de rejeição, tornou-se o caminho para a salvação de toda a humanidade. É mediante o sacrifício de Cristo que recebemos a vida eterna.

O que Deus me falou hoje?

NOSSA ALEGRIA BROTA DA FONTE TRANSBORDANTE DO CORAÇÃO DE CRISTO

29
Domingo MAR 26

Is 50,4-7
Sl 21(22)
Fl 2,6-11
Mt 26,14–27,66

Ofereço meu dia de oração para

Domingo de Ramos da Paixão do Senhor

Evangelho do dia

As multidões que o precediam e o seguiam, gritavam: "Hosana ao Filho de Davi! Bendito o que vem em nome do Senhor! Hosana no mais alto dos céus!"

Mateus 21,9

PALAVRA DO CORAÇÃO
#hosana

Na entrada triunfal de Jesus em Jerusalém, as multidões o reconhecem como o Salvador prometido. Como é importante acolher Jesus como Rei em nossos corações. Assim como as multidões, queremos também nós anunciar sua vinda com alegria, louvando-o como nosso Senhor e Salvador.

O que Deus me falou hoje?

30
MAR 26 Segunda

Is 42,1-7
Sl 26(27)
Jo 12,1-11

A ALEGRIA QUE BUSCAMOS É ALICERCE DE NOSSA FÉ

Ofereço meu dia de oração para

SANTO DO DIA
São João Clímaco

PALAVRA DO CORAÇÃO
#unção

Evangelho do dia

Então Maria pegou uma boa quantidade de perfume de nardo puro, de grande valor, ungiu com ele os pés de Jesus e os enxugou com os cabelos. A casa inteira se encheu com o aroma do perfume.

João 12,3

Maria, ao oferecer o melhor perfume como gesto de adoração, ensina-nos o amor extravagante e sacrificial por Jesus. Seu ato de humildade e devoção espalha o bom odor do amor por toda a casa, simbolizando como nosso amor a Cristo deve ser intenso e contagiante. Como ela, queremos oferecer nossas vidas como um gesto de amor a Jesus.

O que Deus me falou hoje?

A ALEGRIA QUE EXPERIMENTAMOS BROTA DE DENTRO DO NOSSO CORAÇÃO AMADO PELO SENHOR

31
Terça | MAR 26

Is 49,1-6
Sl 70(71)
Jo 13,21-33.36-38

Ofereço meu dia de oração para

Evangelho do dia

Jesus ficou muito comovido interiormente e declarou abertamente: "Em verdade, em verdade vos digo, um de vós há de me trair. [...] Em verdade, em verdade te digo: não cantará o galo antes que me negues três vezes".

João 13,21.38b

SANTO DO DIA
Santo Amós

PALAVRA DO CORAÇÃO
#traição

Jesus antecipa a traição e a negação de seus discípulos, mas também revela compreensão diante da fraqueza humana. Mesmo perante a falha, o Senhor não abandona seus discípulos: oferece-lhes sempre o perdão. Busquemos reconhecer nossas fraquezas e confiar na misericórdia de Cristo, que nos chama à conversão.

O que Deus me falou hoje?

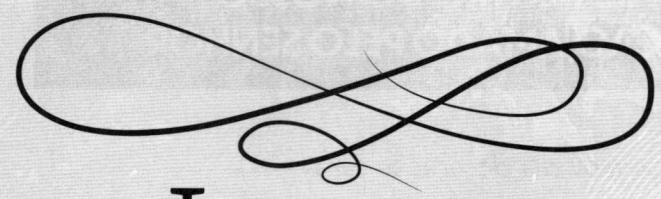

Jesus, MANSO e HUMILDE de coração!

abril
2026
ANO A | MATEUS

oração

SANTA TERESINHA (pelos sacerdotes)

Ó Jesus, Sacerdote eterno,
guardai os vossos sacerdotes no vosso
sagrado Coração, onde nada de mal lhes possa
acontecer, conservai imaculadas as suas mãos ungidas,
que tocam todos os dias o vosso sagrado Corpo.
Conservai imaculados os seus lábios, diariamente,
tingidos com o vosso preciosíssimo Sangue.
Conservai os seus corações, que selastes com o sublime
sacramento da Ordem, puros e livres de tudo o que é terreno.
Que o vosso amor os proteja e os preserve do contágio do mundo.
Abençoai os seus trabalhos apostólicos com abundantes frutos.
Fazei que as almas confiadas aos seus cuidados
e direção sejam a sua alegria na terra e formem no céu
a sua gloriosa e imperecível coroa.
Amém.

intenção

de oração do Papa

SACERDOTES EM CRISE

Rezemos pelos sacerdotes que atravessam
momentos de crise em sua vocação,
para que encontrem o acompanhamento
necessário e para que as comunidades os
apoiem com compreensão e oração.

1

Quarta | ABR 26

Is 50,4-9a
Sl 68(69)
Mt 26,14-25

NADA NEM NINGUÉM PODE ROUBAR-NOS A ALEGRIA, SE É DEUS QUEM SUSTENTA NOSSAS VIDAS

Ofereço meu dia de oração para

SANTO DO DIA

Santo Hugo de Grenoble

Evangelho do dia

"O Filho do homem vai morrer, como está escrito a seu respeito. Mas ai daquele pelo qual o Filho do homem está sendo traído! Melhor seria para ele não ter nascido!"

Mateus 26,24

PALAVRA DO CORAÇÃO

#fidelidade

Jesus nos alerta sobre o trágico destino de quem trai sua confiança. A traição do Filho do homem não é apenas uma falha humana, mas um ato que gera consequências eternas. Possamos também nós refletir sobre nossa fidelidade e oxalá nunca escolhamos o caminho da traição.

O que Deus me falou hoje?

2

ABR 26 Quinta

Ex 12,1-8.11-14
Sl 115(116B)
1Cor 11,23-26
Jo 13,1-15

A ALEGRIA ESPIRITUAL É FRUTO DO ESPÍRITO E É GRAÇA A SER PEDIDA NA ORAÇÃO

Ofereço meu dia de oração para

SANTO DO DIA
São Francisco de Paula

PALAVRA #humildade DO CORAÇÃO

Evangelho do dia

Jesus sabia que o Pai tinha posto tudo nas suas mãos e que tinha saído de Deus e para Deus voltava; levantou-se da mesa, tirou o manto, tomou uma toalha e enrolou-a na cintura. Depois, derramou água numa bacia e começou a lavar os pés dos discípulos.

João 13,3-5a

Jesus, ciente de sua divindade e missão, dá-nos o exemplo supremo de humildade ao lavar os pés dos discípulos. Ele, sendo Senhor, escolheu servir, mostrando que o verdadeiro poder está no serviço ao próximo. Sejamos também nós imitadores de Cristo em nossas ações diárias.

O que Deus me falou hoje?

3
Sexta | ABR 26

Is 52,13–53,12
Sl 30(31)
Hb 4,14-16; 5,7-9
Jo 18,1–19,42

JESUS ESTÁ SEMPRE CONOSCO!

Ofereço meu dia de oração para

Paixão do Senhor

Evangelho do dia

Depois, sabendo que tudo estava consumado, Jesus, cumprindo a Escritura, disse: "Tenho sede". Prendendo uma esponja embebida em vinagre na haste de um hissopo, a levaram à boca de Jesus. Depois de ter tomado o vinagre, Jesus exclamou: "Tudo está consumado!". E, inclinando a cabeça, entregou o espírito.

João 19,28-30

PALAVRA #salvação DO CORAÇÃO

Na cruz, plenamente consciente de sua missão, Jesus revela o fim do seu sofrimento e a realização do plano divino. Ao dizer "Tudo está consumado!", ele nos mostra que, por meio de sua entrega, a salvação é alcançada. Possamos também nós compreender o preço do amor de Cristo e viver à altura desse sacrifício.

O que Deus me falou hoje?

4

ABR 26 Sábado

Gn 1,1–2,2
Sl 103(104)
Rm 6,3-11
Sl 117(118) 1-2.16ab-17.22-23
Mt 28,1-10

CUIDEMOS PARA NÃO PERDERMOS A ALEGRIA INTERIOR

Sábado Santo

Ofereço meu dia de oração para

PALAVRA #vitória DO CORAÇÃO

Evangelho do dia

O anjo disse às mulheres: "Deixai esse medo! Bem sei que procurais Jesus, o crucificado. Não está aqui, porque ressuscitou como havia predito! Ide depressa dizer aos seus discípulos: 'Ele ressuscitou dos mortos e vos precede na Galileia; lá o vereis'".

Mateus 28,5-7

O anjo anuncia a grande vitória de Cristo sobre a morte, trazendo esperança para todos nós. A ressurreição de Jesus é o fundamento da nossa fé, pois ele nos precede na vida eterna. Ao celebrarmos essa verdade, sejamos nós também mensageiros da alegria e da esperança da Páscoa.

O que Deus me falou hoje?

QUANDO O OLHO É MALDOSO, ELE ADOECE O CORAÇÃO

5
Domingo | ABR 26

At 10,34a.37-43
Sl 117(118),1-2.16ab-17.22-23 (R. 24)
Cl 3,1-4 ou
1Cor 5,6b-8
Jo 20,1-9

Ofereço meu dia de oração para

Domingo da Páscoa na Ressurreição do Senhor

Evangelho do dia

O outro discípulo que havia chegado primeiro ao túmulo também entrou, viu e acreditou. Pois, de fato, ainda não tinham compreendido que, segundo a Escritura, ele devia ressuscitar dos mortos.

João 20,8-9

PALAVRA DO CORAÇÃO
#páscoa

O discípulo que "viu e acreditou" nos ensina que a fé vai além da compreensão imediata. Às vezes, é necessário um olhar mais atento para reconhecer o cumprimento das promessas de Deus. Assim como esse discípulo, possamos também nós crer na ressurreição e entender sua profundidade em nossos corações.

O que Deus me falou hoje?

6

ABR 26 Segunda

At 2,14.22-32
Sl 15(16)
Mt 28,8-15

O OLHO É A JANELA DO CORAÇÃO

SANTO DO DIA
São Marcelino de Cartago

PALAVRA #comunicar DO CORAÇÃO

Ofereço meu dia de oração para

Evangelho do dia

Então Jesus falou a elas: "Deixai esse medo. Ide e comunicai aos meus irmãos que sigam para a Galileia. E lá me verão".

Mateus 28,10

Jesus, ao ressuscitar, convida-nos a superar o medo e a anunciar a boa-nova da Páscoa. A Galileia, o lugar de seu primeiro chamado, torna-se o ponto de reencontro com o Cristo vivo. Ao seguirmos sua palavra, possamos ser também nós portadores da esperança e do amor que ele nos confiou.

O que Deus me falou hoje?

VALE A PENA ESCOLHER TESOUROS QUE A FERRUGEM NÃO POSSA CONSUMIR NEM A TRAÇA POSSA DESTRUIR

7
Terça | ABR 26

At 2,36-41
Sl 32(33)
Jo 20,11-18

Ofereço meu dia de oração para

SANTO DO DIA
São João Batista de La Salle

Evangelho do dia

"Mulher, por que choras? A quem procuras?" Ela o confundiu com o jardineiro e lhe pediu: "Senhor, se foste tu que o levaste, dize-me onde o puseste para que eu vá buscá-lo!". Jesus disse: "Maria!". Ela, voltando-se, falou-lhe em hebraico: "Rabuni".

João 20,15-16

PALAVRA DO CORAÇÃO
#esperança

No encontro com Maria, Jesus revela sua presença ao chamá-la pelo nome, mostrando que ele está sempre próximo, mesmo quando não o reconhecemos de imediato. Ao ouvirmos o chamado de Cristo, nossa fé se fortalece e nossa esperança é renovada.

O que Deus me falou hoje?

8
ABR 26 Quarta

At 3,1-10
Sl 104(105)
Lc 24,13-35

A BONDADE É UMA EXPRESSÃO DE AMOR

Ofereço meu dia de oração para

SANTO DO DIA
Santa Júlia Billiart

PALAVRA #reconhecimento DO CORAÇÃO

Evangelho do dia

À mesa, ele tomou o pão e, recitando a fórmula da bênção, partiu-o e distribuiu entre eles. Então é que os seus olhos se abriram e eles o reconheceram. Mas Jesus desapareceu da sua vista.

Lucas 24,30-31

O reconhecimento de Cristo nos leva a uma transformação, e, embora ele se retire fisicamente, sua presença continua a nos guiar. Ao partilharmos o nosso pão, possam os nossos corações também se abrir para perceber a presença de Jesus em nós.

O que Deus me falou hoje?

9

Quinta | ABR 26

É CUIDANDO DOS PENSAMENTOS QUE A BONDADE SERÁ VIVIDA DE MODO CONCRETO

At 3,11-26
Sl 8
Lc 24,35-48

Ofereço meu dia de oração para

SANTO DO DIA
São Leopoldo Mandic

Evangelho do dia

Mas Jesus lhes disse: "Por que vos assustais e se levantam dúvidas em vossos corações? Olhai para minhas mãos e meus pés: sou eu mesmo. Tocai-me, olhai; um fantasma não tem carne nem ossos, como vedes que eu tenho!".

Lucas 24,38-39

PALAVRA DO CORAÇÃO
#certeza

Jesus, ao se mostrar vivo e tangível, ensina-nos a vencer as dúvidas e as preocupações com a confiança na sua presença real. Ele nos convida a tocar em sua carne, a perceber sua humanidade e divindade, e a crer que, em meio às nossas incertezas, ele é a certeza que nos sustenta. Possamos também nós sempre confiar na realidade do Cristo ressuscitado.

O que Deus me falou hoje?

10

ABR 26 Sexta

At 4,1-12
Sl 117(118)
Jo 21,1-14

QUANDO AGIMOS COM BONDADE, AJUDAMOS A ILUMINAR O MUNDO

SANTO DO DIA
Santa Madalena de Canossa

PALAVRA #cuidado DO CORAÇÃO

Ofereço meu dia de oração para

Evangelho do dia

Jesus falou: "Vinde, comei". Nenhum dos discípulos se animava a perguntar-lhe: "Quem és tu?", pois sabiam que era o Senhor. Jesus então se aproximou, tomou o pão e o distribuiu entre eles. O mesmo fez com o peixe.

João 21,12-13

Jesus, ao partilhar o pão e o peixe com os discípulos, revela seu cuidado e sua presença constante em nossas vidas. Mesmo em momentos de incerteza, ele se faz próximo e nos oferece sustento espiritual. Ao recebê-lo, possamos também nós renovar nossa fé e compromisso com seu chamado.

O que Deus me falou hoje?

A BONDADE É UMA DÁDIVA DE DEUS

11
Sábado | ABR 26

At 4,13-21
Sl 117(118)
Mc 16,9-15

Ofereço meu dia de oração para

SANTO DO DIA
Santa Gemma Galgani

Evangelho do dia

Por fim, Jesus apareceu aos onze, quando estavam à mesa. E reprovou severamente a sua teimosa incredulidade, porque não acreditaram nem naqueles que o tinham visto ressuscitado.

Marcos 16,14

PALAVRA DO CORAÇÃO
#atenção

Jesus repreende os discípulos pela falta de fé, revelando que a verdadeira crença exige abertura do coração e confiança nas testemunhas da ressurreição. Ele nos chama a superar a dureza de coração e a acreditar plenamente em sua vitória sobre a morte. Possa nossa fé ser firme e receptiva à verdade de Cristo ressuscitado.

O que Deus me falou hoje?

12

ABR 26 Domingo

At 2,42-47
Sl 117(118)
1Pd 1,3-9
Jo 20,19-31

PROCURE FAZER AOS OUTROS O QUE GOSTARIA QUE FOSSE FEITO A VOCÊ

Ofereço meu dia de oração para

Domingo na Oitava da Páscoa

PALAVRA DO CORAÇÃO
#ver

Evangelho do dia

Depois disse a Tomé: "Põe aqui teu dedo e olha minhas mãos; levanta tua mão e coloca-a no meu lado e crê, e não sejas mais incrédulo!". Tomé respondeu: "Meu Senhor e meu Deus!". Jesus lhe disse: "Porque me viste, Tomé, acreditaste? Bem-aventurados os que acreditam sem ter visto!"

João 20,27-29

Jesus nos ensina que a verdadeira fé vai além da visão física; ela nasce do coração que crê sem ver. Tomé, ao reconhecer Jesus como Senhor e Deus, mostra-nos que a fé é um encontro pessoal com o Cristo ressuscitado. Possamos também nós ser bem-aventurados por crer, mesmo sem ter visto.

O que Deus me falou hoje?

13

Segunda | ABR 26

At 4,23-31
Sl 2
Jo 3,1-8

ESFORCE-SE PARA ENXERGAR SEMPRE O MELHOR DOS OUTROS

Ofereço meu dia de oração para

SANTO DO DIA
Santo Hermenegildo

Evangelho do dia

"O que nasce da carne é carne; o que nasce do Espírito é espírito. [...] O vento sopra para onde quer e ouves a sua voz, mas não sabes de onde vem, nem aonde vai. Assim é quem nasceu do Espírito".

João 3,6.8

PALAVRA DO CORAÇÃO
#verdade

Jesus nos ensina que, ao nascer do Espírito, nossa vida é transformada e guiada por forças além da compreensão humana. A ação do Espírito é invisível, mas profundamente real, como o vento que toca em nossas vidas. Possamos também nós nos abrir para o Espírito e permitir que ele nos conduza para a verdade e a liberdade.

O que Deus me falou hoje?

14
ABR 26 | Terça

At 4,32-37
Sl 92(93)
Jo 3,7b-15

ESTEJA ATENTO ÀS NECESSIDADES DOS DEMAIS!

Ofereço meu dia de oração para

SANTO DO DIA
Santa Ludovina

#profundidade
PALAVRA DO CORAÇÃO

Evangelho do dia

"Se não acreditardes, quando vos falo das coisas terrestres, como acreditareis quando eu vos falar das coisas celestes? Ninguém subiu ao céu, senão o que desceu do céu: o Filho do homem".

João 3,12-13

Jesus nos convida a uma fé mais profunda, que vai além do que vemos e entendemos na terra. Se não conseguimos compreender os mistérios terrenos, como alcançaremos os celestiais sem confiar no Filho do homem? Ele, que desceu do céu, é o único caminho para a verdadeira compreensão espiritual.

O que Deus me falou hoje?

A BONDADE É UMA QUALIDADE QUE TODOS NÓS DEVERÍAMOS TER, MAS SE NÃO A TEMOS, PEÇAMOS AO SENHOR!

15
Quarta | ABR 26

At 5,17-26
Sl 33(34)
Jo 3,16-21

Ofereço meu dia de oração para

SANTO DO DIA
São Damião de Molokai

Evangelho do dia

"Pois Deus amou tanto o mundo, que deu seu Filho Único, para que todo o que crer nele não morra, mas tenha a vida eterna. Porque Deus não mandou o seu Filho ao mundo para condenar o mundo, mas para que o mundo seja salvo por ele".

João 3,16-17

PALAVRA DO CORAÇÃO
#oferecimento

Deus, em seu imenso amor, oferece-nos a salvação por meio de Jesus, seu Filho. A missão de Cristo não é condenar, mas salvar, oferecendo-nos a vida eterna. Possamos também nós responder a esse amor com fé e gratidão, acolhendo a salvação que ele nos dá.

O que Deus me falou hoje?

16
ABR 26 Quinta

At 5,27-33
Sl 33(34)
Jo 3,31-36

NO RELACIONAMENTO COM CADA PESSOA DO SEU CONVÍVIO, EXERCITE A PRÁTICA DA BONDADE

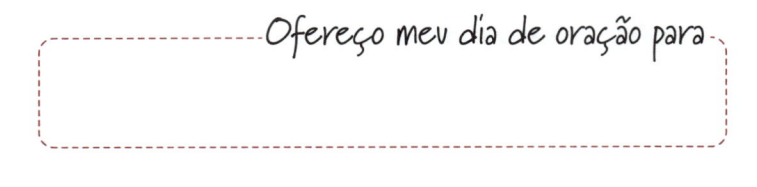

SANTO DO DIA
Santa Bernadette Soubirous

PALAVRA DO CORAÇÃO
#entrega

Ofereço meu dia de oração para

Evangelho do dia

"O que vem do céu é superior a todos. [...] O Pai ama o Filho e entregou tudo nas suas mãos. Quem crê no Filho tem a vida eterna".

João 3,31.35-36

Jesus, enviado do céu, tem autoridade sobre todas as coisas e é o meio para alcançarmos a vida eterna. O Pai entregou todo o poder ao seu Filho, e, ao crermos nele, recebemos o dom da salvação. Possa a nossa fé em Cristo nos conduzir à vida plena e eterna.

O que Deus me falou hoje?

SURPREENDA OS OUTROS COM GESTOS GRATUITOS DE BONDADE, SEM ESPERAR NENHUMA RECOMPENSA

17
Sexta | ABR 26
At 5,34-42
Sl 26(27)
Jo 6,1-15

Ofereço meu dia de oração para

SANTO DO DIA
Santo Aniceto

Evangelho do dia

Eles recolheram e encheram doze cestos com os pedaços que sobraram dos cinco pães de cevada que tinham comido. Vendo o sinal que Jesus havia feito, aqueles homens exclamaram: "Verdadeiramente este é o profeta, o que deve vir ao mundo!".

João 6,13-14

PALAVRA #providência DO CORAÇÃO

O milagre da multiplicação dos pães revela o poder de Jesus e sua capacidade de suprir todas as nossas necessidades. Ao reconhecerem o sinal, os homens proclamaram Jesus como o profeta prometido, aquele que traz a verdadeira vida. Ao experimentarmos suas bênçãos, possamos também nós testemunhar sua presença em nossas vidas.

O que Deus me falou hoje?

18

ABR 26 Sábado

At 6,1-7
Sl 32(33)
Jo 6,16-21

VOCÊ VAI PROVOCAR A MUDANÇA DESEJADA NO MUNDO AO COMEÇAR POR VOCÊ

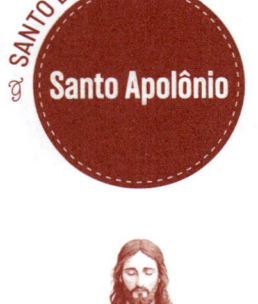

Ofereço meu dia de oração para

SANTO DO DIA
Santo Apolônio

PALAVRA DO CORAÇÃO
#acalmar

Evangelho do dia

Os discípulos já tinham remado uns cinco ou seis quilômetros, quando viram Jesus que se aproximava da barca, caminhando sobre o mar. Tiveram medo. Mas Jesus os tranquilizou: "Não temais! Sou eu".

João 6,19-20

Quando os discípulos enfrentaram o medo no mar revolto, Jesus se revelou como a presença que traz paz e segurança. Sua palavra "não temais" nos lembra que, mesmo nas tempestades da vida, ele está sempre conosco, pronto para nos acalmar. Confiemos sempre em sua presença e em sua paz.

O que Deus me falou hoje?

19
Domingo | ABR 26

At 2,14.22-33
Sl 15(16)
1Pd 1,17-21
Lc 24,13-35

DEMOS GRAÇAS AO SENHOR EM TODO TEMPO E LUGAR

Ofereço meu dia de oração para

3º Domingo da Páscoa

Evangelho do dia

Então disseram um ao outro: "Não é verdade que o nosso coração ardia, quando ele nos falava pelo caminho e nos explicava as Escrituras?". Voltaram, naquela mesma hora, para Jerusalém. Acharam ali reunidos os Onze e seus companheiros.

Lucas 24,32-33

PALAVRA DO CORAÇÃO
#transformação

A Palavra de Cristo transforma nossa vida, acendendo em nós o desejo de compartilhar essa boa-nova com os outros. Ao ouvirmos sua voz, possam os nossos corações arder também pela sua presença.

O que Deus me falou hoje?

20

ABR 26 Segunda

At 6,8-15
Sl 118(119)
Jo 6,22-29

QUEM NÃO VIVE A GRATUIDADE FRATERNA TRANSFORMA A SUA EXISTÊNCIA EM UM COMÉRCIO

Ofereço meu dia de oração para

SANTO DO DIA

Santa Inês de Montepulciano

PALAVRA DO CORAÇÃO

#eternidade

Evangelho do dia

"Trabalhai, não pelo alimento que se estraga, mas pelo alimento que dura até a vida eterna, aquele que o Filho do homem vos dará: porque Deus Pai o marcou com o selo de seu Espírito".

João 6,27

Jesus nos ensina a buscar o alimento que nutre nossa alma, a palavra e a graça que nos conduzem à vida eterna. O que ele oferece não é passageiro, mas duradouro, e é por meio dele que alcançamos a verdadeira satisfação. Possa a nossa busca ser por Cristo, o pão da vida.

O que Deus me falou hoje?

QUE MEU CORAÇÃO SEJA TÃO GENEROSO COMO O VOSSO CORAÇÃO

21
Terça | ABR 26
At 7,51–8,1a
Sl 30(31)
Jo 6,30-35

Ofereço meu dia de oração para

SANTO DO DIA
Santo Anselmo

Evangelho do dia

Jesus lhes disse por fim: "Eu sou o pão da vida. Quem vem a mim não terá mais fome e o que crê em mim nunca mais terá sede".

João 6,35

Jesus, ao se declarar o pão da vida, oferece-nos o alimento que sacia eternamente a nossa alma. Aquele que o busca e crê no Cristo, encontra a plenitude e a paz que o mundo não pode oferecer.

PALAVRA DO CORAÇÃO
#satisfação

O que Deus me falou hoje?

22

ABR 26 | Quarta

At 8,1b-8
Sl 65(66)
Jo 6,35-40

O SEGREDO DA MISERICÓRDIA É ESTE: PERDOANDO, SE É PERDOADO

Ofereço meu dia de oração para

SANTO DO DIA
São Caio

PALAVRA DO CORAÇÃO
#obediência

Evangelho do dia

"Porque desci do céu, não para fazer a minha vontade, mas a vontade daquele que me enviou. [...] Porque esta é a vontade de meu Pai: que quem vê o Filho e nele crê, tenha a vida eterna".

João 6,38.40

Jesus nos ensina que sua missão é cumprir a vontade do Pai, oferecendo a vida eterna a todos os que nele creem. Ele desceu do céu para nos salvar, e em sua entrega, encontramos a verdadeira vida.

O que Deus me falou hoje?

O SENHOR É MEU ESCUDO E PROTEÇÃO: A QUEM TEMEREI?

23
Quinta | ABR 26

At 8,26-40
Sl 65(66)
Jo 6,44-51

Ofereço meu dia de oração para

SANTO DO DIA
São Jorge

Evangelho do dia

"Eu sou o pão vivo descido do céu. Quem comer deste pão viverá eternamente! O pão que vou dar é a minha carne, que eu ofereço pela vida do mundo".

João 6,51

PALAVRA DO CORAÇÃO
#sacrifício

Jesus, ao se oferecer como o pão vivo, revela-nos o sacrifício que nos dá a vida eterna. Sua carne entregue por nós é o alimento espiritual que nos sustenta e nos transforma.

O que Deus me falou hoje?

24
ABR 26 Sexta

At 9,1-20
Sl 116(117)
Jo 6,52-59

QUEM COMEÇA SEM CONFIANÇA PERDEU DE ANTEMÃO METADE DA BATALHA E ENTERRA OS SEUS TALENTOS

SANTO DO DIA: São Fidélis de Sigmaringa

PALAVRA DO CORAÇÃO: #união

Ofereço meu dia de oração para

Evangelho do dia

"Quem come minha carne e bebe meu sangue tem a vida eterna e eu o ressuscitarei no último dia. Porque a minha carne é verdadeira comida, e o meu sangue é verdadeira bebida. Quem come minha carne e bebe meu sangue permanece em mim e eu nele."

João 6,54-56

Jesus nos oferece sua carne e seu sangue como alimento espiritual, que nos dá a vida eterna e nos une ao seu corpo. Ao participarmos desse mistério, tornamo-nos um com Cristo, vivendo sua vida em nós. Possamos também nós, ao nos alimentarmos de sua Eucaristia, transformar-nos e renovar-nos em sua presença.

O que Deus me falou hoje?

AJUDAI-ME A NÃO PERDER A CALMA DIANTE DOS OBSTÁCULOS E A MANTER-ME OTIMISTA

25
Sábado | ABR 26

1Pd 5,5b-14
Sl 88(89)
Mc 16,15-20

Ofereço meu dia de oração para

SANTO DO DIA
São Marcos, Evangelista

Evangelho do dia

Jesus disse aos discípulos: "Ide ao mundo inteiro, proclamai o Evangelho a todas as criaturas! Quem crer e for batizado será salvo."

Marcos 16,15-16a

Jesus nos envia como mensageiros do Evangelho, convocando-nos a levar a boa-nova de salvação a todos. O chamado ao batismo e à fé é o caminho para a vida eterna.

PALAVRA DO CORAÇÃO
#caminho

O que Deus me falou hoje?

26
ABR 26 Domingo

At 2,14a.36-41
Sl 22(23)
1Pd 2,20b-25
Jo 10,1-10

A PACIÊNCIA É UMA VIRTUDE DO SER HUMANO QUE TEM COMO BASE O AUTOCONTROLE EMOCIONAL

4º Domingo da Páscoa

PALAVRA DO CORAÇÃO
#plenitude

Ofereço meu dia de oração para

Evangelho do dia

"Eu sou a porta das ovelhas. [...] Quem por mim entrar, será salvo e poderá entrar e sair e achará pastagens. [...] Eu vim para que tenham vida e a tenham em abundância."

João 10,7b.9.10b

Jesus é a porta que nos conduz à salvação, oferecendo-nos segurança e a abundância da vida plena. Ao entrar por ele, encontramos descanso e sustento, sendo guiados pelo seu amor.

O que Deus me falou hoje?

27
Segunda | ABR 26

A PACIÊNCIA SURGE DA TOLERÂNCIA COM OS ERROS ALHEIOS OU DIANTE DE SITUAÇÕES E FATOS INDESEJADOS

At 11,1-18
Sl 41(42),2.3 e
42(43),3.4
Jo 10,11-18

Ofereço meu dia de oração para

SANTO DO DIA
Santa Zita

Evangelho do dia

"Eu sou o bom pastor. Conheço as minhas ovelhas, e minhas ovelhas me conhecem, como o Pai me conhece e eu conheço o Pai; e dou a vida pelas minhas ovelhas."

João 10,14-15

Jesus, o bom pastor, conhece-nos profundamente e se entrega por nós, suas ovelhas, demonstrando um amor imensurável. Ele nos guia com cuidado e sacrifício, oferecendo sua vida para nos salvar.

PALAVRA DO CORAÇÃO
#cuidado

O que Deus me falou hoje?

28
ABR 26 Terça

At 11,19-26
Sl 86(87)
Jo 10,22-30

A PACIÊNCIA É UM DOM DO ESPÍRITO SANTO, QUE DEVE SER PEDIDO DIARIAMENTE

Ofereço meu dia de oração para

SANTO DO DIA: São Pedro Chanel

PALAVRA #sinceridade DO CORAÇÃO

Evangelho do dia

"As obras que eu faço em nome do meu Pai dão testemunho de mim. Mas vós não credes, porque não sois minhas ovelhas. Minhas ovelhas conhecem minha voz, eu também as conheço, e elas me seguem."

João 10,25b-27

As obras de Jesus revelam sua verdadeira identidade e seu amor por nós, mas é preciso ter o coração aberto para reconhecê-lo. Suas ovelhas, que o conhecem e seguem, ouvem sua voz e confiam em seu cuidado.

O que Deus me falou hoje?

CONFIAR É TAMBÉM AMAR

29
Quarta | ABR 26

At 12,24–13,5a
Sl 66(67)
Jo 12,44-50

Ofereço meu dia de oração para

SANTO DO DIA
Santa Catarina de Sena

Evangelho do dia

"Quem crê em mim, crê não somente em mim, mas também naquele que me enviou; e quem me vê, vê aquele que me enviou. Eu vim como luz ao mundo, para que todo o que crer em mim não fique no escuro."

João 12,44b-46

PALAVRA DO CORAÇÃO
#acreditar

Jesus nos revela que, ao crermos nele, cremos também no Pai que o enviou. Ele é a luz que dissipa a escuridão do pecado e nos guia para a verdade e a salvação.

O que Deus me falou hoje?

30

ABR 26 Quinta

At 13,13-25
Sl 88(89)
Jo 13,16-20

A CONFIANÇA EM DEUS PODE TRANSFORMAR NOSSA VIDA

Ofereço meu dia de oração para

SANTO DO DIA
São José Cottolengo

PALAVRA DO CORAÇÃO
#acolher

Evangelho do dia

"Em verdade, em verdade vos digo, quem recebe aquele que eu envio, estará também me recebendo; e quem me recebe, recebe aquele que me enviou."

João 13,20

Jesus nos ensina que, ao acolhermos seus mensageiros, estamos acolhendo a ele próprio e, por consequência, ao Pai. A missão de anunciar o Evangelho é uma extensão da sua presença em nossas vidas.

O que Deus me falou hoje?

maio

2026
ANO A | MATEUS

oração

Senhor, meu Deus,
no silêncio deste dia que amanhece,
venho pedir-te paz, sabedoria e força.
Hoje quero olhar o mundo com os olhos
cheios de amor; ser paciente, compreensivo,
humilde, suave e bondoso.
Quero ver todos os teus filhos além das aparências, como
tu mesmo os vês, e assim não olhar senão ao bem de cada um.
Fecha meus ouvidos a toda murmuração; guarda a minha
língua de toda maledicência, e que só de amor se encha a minha vida.
Quero ser bem-intencionado e justo; e que todos aqueles
que se aproximarem de mim, sintam a tua presença.
Senhor, reveste-me da tua bondade e que,
no decorrer deste dia, eu te revele a todos.
Amém.

intenção
de oração do Papa

ALIMENTAÇÃO DE QUALIDADE PARA TODOS

Rezemos para que todos, dos grandes produtores aos pequenos consumidores, comprometam-se a evitar o desperdício de alimentos e para que todos tenham acesso a uma alimentação de qualidade.

1

Sexta | MAI 26

At 13,26-33
Sl 2
Jo 14,1-6

ACREDITEMOS E DEIXEMOS QUE ELE ENTRE EM NOSSO CORAÇÃO

Ofereço meu dia de oração para

SANTO DO DIA
São José Operário

Evangelho do dia

"Senhor, nós não sabemos para onde vais. Como poderíamos, então, conhecer o caminho?". Jesus respondeu: "Eu sou o Caminho, a Verdade e a Vida. Ninguém vai ao Pai senão por mim".

João 14,5-6

PALAVRA DO CORAÇÃO
#caminho

Muitas vezes nos sentimos perdidos, sem saber para onde ir. Jesus, no entanto, oferece-nos a direção certa. Ele é o Caminho que nos conduz ao Pai, trazendo clareza e propósito para nossa jornada. Quando o seguimos, encontramos paz verdadeira e segurança.

O que Deus me falou hoje?

2

MAI 26 — Sábado

At 13,44-52
Sl 97(98)
Jo 14,7-14

EXPERIMENTAR A PRESENÇA AMOROSA DE DEUS VALE MAIS QUE TODAS AS COISAS DA VIDA

SANTO DO DIA: Santo Atanásio

PALAVRA DO CORAÇÃO: #confiança

Ofereço meu dia de oração para

Evangelho do dia

"Crede-me: eu estou no Pai e o Pai está em mim. Senão, crede ao menos em razão das obras. Em verdade, em verdade vos digo: quem crê em mim fará as obras que eu faço. E fará até maiores."

João 14,11-12

Jesus nos convida a crer nele, pois ele está intimamente unido ao Pai. A fé em Cristo nos capacita a realizar obras grandiosas, fazendo brilhar o poder de Deus em nossas vidas para sermos instrumentos de sua graça e seu amor no mundo.

O que Deus me falou hoje?

NA ORAÇÃO SATISFAZEMOS AS NOSSAS SAUDADES DE ESTAR COM DEUS

3
Domingo | MAI 26

At 6,1-7
Sl 32(33)
1Pd 2,4-9
Jo 14,1-12

Ofereço meu dia de oração para

5º Domingo da Páscoa

Evangelho do dia

Jesus disse: "Eu sou o Caminho, a Verdade e a Vida. [...] Quem me vê, vê também o Pai. [...] Crede-me: eu estou no Pai e o Pai está em mim".

João 14,6.9.11

PALAVRA DO CORAÇÃO
#conhecimento

Jesus nos revela que, ao conhecê-lo, conhecemos também o Pai. Ele é o Caminho, a Verdade e a Vida que nos conduz à verdadeira intimidade com Deus. Quando seguimos seus ensinamentos, nossa relação com o Pai se torna mais profunda e verdadeira.

O que Deus me falou hoje?

4
MAI 26 Segunda

At 14,5-18
Sl 113B(115)
Jo 14,21-26

UM CORAÇÃO QUE CONFIA QUER ESTAR SEMPRE UNIDO AO CORAÇÃO DO AMADO

Ofereço meu dia de oração para

SANTO DO DIA: São Floriano

PALAVRA DO CORAÇÃO: #discernimento

Evangelho do dia

"Mas o Paráclito, o Espírito Santo, que o Pai vos enviará em meu nome, ele vos ensinará todas as coisas e vos fará lembrar o que eu vos disse."

João 14,26

Jesus nos promete o Espírito Santo como nosso defensor, consolador e guia. Ele nos orienta, ensina e nos lembra das palavras de Cristo, ajudando-nos a viver de acordo com sua vontade. O Espírito Santo é nossa força para viver a fé com sabedoria e discernimento.

O que Deus me falou hoje?

UM CORAÇÃO CONFIANTE NÃO VACILA DIANTE DAS PRIMEIRAS DÚVIDAS E DIFICULDADES

5
Terça | MAI 26

At 14,19-28
Sl 144(145)
Jo 14,27-31a

Ofereço meu dia de oração para

SANTO DO DIA
Santo Hilário

Evangelho do dia

Jesus disse a seus discípulos: "Eu vos deixo a paz; dou-vos minha paz. Eu vo-la dou, não como dá o mundo. Não se perturbe nem desfaleça o vosso coração".

João 14,27

PALAVRA DO CORAÇÃO
#paz

Jesus oferece uma paz diferente da que o mundo dá. Sua paz é profunda, serena e libertadora, independentemente das circunstâncias. Mesmo em tempos de tribulação, podemos confiar em sua paz, que acalma e fortalece o coração.

O que Deus me falou hoje?

6

MAI 26 | Quarta

At 15,1-6
Sl 121(122)
Jo 15,1-8

O QUE IMPORTA É TER FÉ E ACREDITAR QUE PARA DEUS NADA É IMPOSSÍVEL

Ofereço meu dia de oração para

SANTO DO DIA
São Domingos Sávio

PALAVRA DO CORAÇÃO
#permanecer

Evangelho do dia

"Eu sou a videira e vós os ramos. Quem permanece em mim, e eu nele, produz muito fruto; porque, sem mim, nada podeis fazer. [...] Se permanecerdes em mim e minhas palavras permanecerem também em vós, então, pedi o que quiserdes e vos será concedido."

João 15,5.7

Jesus nos ensina que, para produzirmos frutos em nossa vida, devemos permanecer nele, como os ramos na videira. Se estamos unidos a Cristo e vivemos conforme suas palavras, nossas ações refletem sua vontade. Sem ele, nada podemos realizar.

O que Deus me falou hoje?

QUANDO CONFIAMOS EM DEUS, PERMITIMOS QUE ELE TRANFORME NOSSA VIDA PARA SEMPRE!

7
Quinta | MAI 26

At 15,7-21
Sl 95(96)
Jo 15,9-11

Ofereço meu dia de oração para

SANTO DO DIA
Santa Flávia Domitila

Evangelho do dia

"Permanecei no meu amor. [...] Eu vos digo isso para que minha alegria esteja em vós e a vossa alegria seja completa."

João 15,9b.11

PALAVRA DO CORAÇÃO
#constância

Jesus nos convida a permanecer em seu amor, pois é nele que encontramos verdadeira alegria. Quando vivemos no amor de Cristo, nossa vida se enche de uma alegria plena, que não depende das circunstâncias, mas da sua constante presença em nós.

O que Deus me falou hoje?

8

MAI 26 | Sexta

At 15,22-31
Sl 56(57)
Jo 15,12-17

A CONFIANÇA REQUER QUE COLOQUEMOS NOSSA VIDA DO DIA A DIA NAS MÃOS DE DEUS

Ofereço meu dia de oração para

SANTO DO DIA: São Vitor

PALAVRA DO CORAÇÃO: #sacrifício

Evangelho do dia

Disse Jesus aos seus discípulos: "Este é o meu mandamento: amai-vos uns aos outros, assim como eu vos tenho amado. Ninguém tem maior amor do que aquele que dá a vida por seus amigos".

João 15,12-13

Jesus nos ensina que o verdadeiro amor se manifesta no sacrifício, como ele fez por nós. Amar como ele amou significa estar disposto a dar nossa vida pelo bem do outro, colocando o amor em ação, em cada gesto de carinho e solidariedade.

O que Deus me falou hoje?

O AMOR É ASSIM: É ATENCIOSO E CUIDADOSO COM O OUTRO, ANTES MESMO DE TER ATENÇÃO E CUIDADO CONSIGO MESMO

9
Sábado | MAI 26
At 16,1-10
Sl 99(100)
Jo 15,18-21

Ofereço meu dia de oração para

SANTO DO DIA
Santa Luísa de Marillac

Evangelho do dia

"Se o mundo vos odeia, lembrai-vos que me odiou antes. Se fôsseis do mundo, o mundo vos amaria como ama o que é seu; mas, porque não sois do mundo, e pelo fato de eu vos ter escolhido do meio dele, o mundo vos odeia."

João 15,18-19

PALAVRA DO CORAÇÃO
#perseguição

Jesus nos alerta que, ao seguirmos seus passos, enfrentaremos a rejeição do mundo. Assim como ele foi odiado, também nós o seremos. No entanto, nossa esperança está em saber que fomos escolhidos por Cristo para viver na verdade, mesmo nas adversidades.

O que Deus me falou hoje?

10

MAI 26 | Domingo

At 8,5-8.14-17
Sl 65(66)
1Pd 3,15-18
Jo 14,15-21

CUIDADO E AMOR AJUDAM A RECRIAR SITUAÇÕES E A CURAR PESSOAS FERIDAS E FRAGILIZADAS

Ofereço meu dia de oração para

_____

6º Domingo da Páscoa

PALAVRA #obediência DO CORAÇÃO

Evangelho do dia

"Se me amais, guardareis meus mandamentos. Rogarei ao Pai e ele vos dará um outro Paráclito, para que fique para sempre convosco: é o Espírito da verdade, que o mundo não pode receber, porque não o vê nem o conhece."

João 14,15b-17

Jesus nos ensina que o amor por ele se expressa na obediência aos seus mandamentos. Ao seguirmos seus ensinamentos, ele nos envia o Espírito da verdade, que nos guia e nos fortalece. O mundo não o conhece, mas o Espírito habita em nós e nos conduz na verdade.

O que Deus me falou hoje?

BUSCAR OFERECER SEMPRE PARA OS OUTROS AQUILO QUE DESEJAMOS PARA NÓS MESMOS

11
Segunda | MAI 26

At 16,11-15
Sl 149
Jo 15,26–16,4a

Ofereço meu dia de oração para

SANTO DO DIA
Santo Inácio de Láconi

Evangelho do dia

Disse Jesus aos seus discípulos: "Quando vier o Paráclito que eu enviarei da parte do Pai, o Espírito da verdade, que procede do Pai, ele dará testemunho de mim. E vós também dareis testemunho, porque desde o princípio estais comigo."

João 15,26-27

Jesus nos ensina que, ao recebermos o Espírito Santo, somos chamados a ser testemunhas dele no mundo. O Espírito da verdade nos fortalece para anunciar a boa-nova com coragem e fidelidade, pois fomos escolhidos para ser a luz de Cristo neste mundo.

PALAVRA DO CORAÇÃO
#testemunho

O que Deus me falou hoje?

12

MAI 26 | Terça

At 16,22-34
Sl 137(138)
Jo 16,5-11

CUIDAR VERDADEIRAMENTE DE ALGUÉM TRAZ SEMPRE PAZ AO CORAÇÃO

SANTO DO DIA
Santo Epifânio

Ofereço meu dia de oração para

Evangelho do dia

Disse Jesus aos seus discípulos: "Mas agora, volto para aquele que me enviou e ninguém de vós pergunta: 'Aonde vais?'. [...] No entanto, eu vos digo a verdade: convém a vós que eu vá; se eu não for, o Paráclito não virá a vós; mas, se eu for, eu o enviarei a vós".

João 16,5.7

PALAVRA DO CORAÇÃO
#despedida

Jesus nos ensina que sua partida é necessária para que o Espírito Santo, o defensor, venha até nós. Mesmo em sua ausência, ele não nos abandona, mas nos envia o Espírito para nos guiar, consolar e fortalecer, garantindo que nunca estejamos sozinhos.

O que Deus me falou hoje?

Ó CORAÇÃO DE JESUS, SEI QUE ESTAIS COMIGO

13
Quarta | MAI 26
At 17,15.22-18,1
Sl 148
Jo 16,12-15

Ofereço meu dia de oração para

SANTO DO DIA
Nossa Senhora de Fátima

Evangelho do dia

Disse Jesus aos seus discípulos: "Tenho ainda muitas coisas a vos dizer, mas não podeis compreender agora. Quando ele, o Espírito da verdade, vier, vos conduzirá à verdade completa".

João 16,12-13

PALAVRA DO CORAÇÃO
#verdade

Jesus sabia que os discípulos não estavam prontos para entender tudo naquele momento, mas prometeu que o Espírito da verdade os guiaria. O Espírito Santo nos ajuda a compreender os mistérios de Deus, revelando-nos a verdade que precisamos para viver em plenitude.

O que Deus me falou hoje?

14

MAI 26 | Quinta

At 1,15-17.20-26
Sl 112(113)
Jo 15,9-17

DEUS ESTÁ SEMPRE PRONTO A APOIAR-NOS EM NOSSA FRAQUEZA

Ofereço meu dia de oração para

SANTO DO DIA
São Matias

PALAVRA DO CORAÇÃO
#amizade

Evangelho do dia

"Eu vos chamo de amigos, porque vos dei a conhecer tudo quanto ouvi de meu Pai. Não fostes vós que me escolhestes, mas eu vos escolhi e vos mandei ir e produzir fruto, um fruto que dure."

João 15,15b-16a

Jesus nos chama de amigos, revelando-nos o coração do Pai. Ele nos escolheu para produzirmos frutos duradouros, frutos de amor e serviço, que permanecem e refletem sua vontade. Somos chamados a viver essa amizade com Cristo, sendo seus instrumentos de paz e transformação no mundo.

O que Deus me falou hoje?

PELO DOM DA FORTALEZA, DEUS NOS DÁ A CORAGEM NECESSÁRIA PARA ENFRENTAR AS TENTAÇÕES

15
Sexta | MAI 26

At 18,9-18
Sl 46(47)
Jo 16,20-23a

Ofereço meu dia de oração para

SANTO DO DIA
São Silvano

Evangelho do dia

Disse Jesus aos seus discípulos: "Em verdade, em verdade vos digo: vós chorareis e gemereis, mas a vossa tristeza se converterá em alegria. [...] Também vós estais tristes agora, mas eu vos tornarei a ver e vosso coração se alegrará, e ninguém vos poderá tirar vossa alegria".

João 16,20.22

PALAVRA DO CORAÇÃO
#transformação

Jesus nos ensina que, mesmo nas tristezas da vida, há uma esperança que transforma tudo. A dor momentânea se transformará em alegria plena quando o encontrarmos novamente. A verdadeira alegria vem de Cristo e nada nem ninguém pode tirá-la, pois ela é profunda e eterna.

O que Deus me falou hoje?

16

MAI 26 | Sábado

At 18,23-28
Sl 46(47)
Jo 16,23b-28

NÓS SOMOS COMO UM TERRENO QUE PRECISA SER PREPARADO: ASSIM A BOA SEMENTE FRUTIFICARÁ EM CADA UM DE NÓS

SANTO DO DIA
Santo André Bobola e comp. Mártires

PALAVRA DO CORAÇÃO
#abertura

Ofereço meu dia de oração para

Evangelho do dia

Disse Jesus aos seus discípulos: "Pois o próprio Pai vos ama, porque vós me tendes amado, e crido que saí de junto de Deus. Saí de meu Pai e vim ao mundo; outra vez deixo o mundo e vou para o Pai".

João 16,27-28

Jesus nos revela o profundo amor do Pai por nós, que se manifesta quando o amamos e acreditamos em sua missão. Ele veio ao mundo para nos reconciliar com o Pai, e ao retornar a ele, abre-nos o caminho para vivermos esse amor em plenitude. Em Cristo, o amor de Deus se faz presente em nossas vidas.

O que Deus me falou hoje?

COM O DOM DA FORTALEZA, O ESPÍRITO SANTO PREPARA O TERRENO DO NOSSO CORAÇÃO

17
Domingo | MAI 26

At 1,1-11
Sl 46(47)
Ef 1,17-23
Mt 28,16-20

Ofereço meu dia de oração para

Ascensão do Senhor

Evangelho do dia

"Todo o poder me foi dado no céu e na terra. Ide, então, fazei de todos os povos discípulos, batizando-os em nome do Pai e do Filho e do Espírito Santo, ensinando-os a guardarem tudo o que vos mandei. Eis que vou ficar convosco todos os dias, até o fim dos tempos."

Mateus 28,18-20

PALAVRA #missão DO CORAÇÃO

Jesus nos confia a missão de espalhar o Evangelho a todas as nações, fazendo discípulos e batizando em seu nome. Com sua presença e a força do Espírito Santo, somos chamados a levar sua palavra de amor ao mundo, com a certeza de sua companhia até o fim dos tempos.

O que Deus me falou hoje?

18

MAI 26 | Segunda

At 19,1-8
Sl 67(68)
Jo 16,29-33

EM NOSSAS RELAÇÕES NÃO CABEM TRAIÇÕES, MENTIRAS OU ATITUDES INTERESSEIRAS

Ofereço meu dia de oração para

SANTO DO DIA

São João I

PALAVRA DO CORAÇÃO

#vitória

Evangelho do dia

Jesus respondeu: "Mas eu não estou só, porque o Pai está sempre comigo. Eu vos estou dizendo isto para que tenhais paz em mim. No mundo, tereis aflições. Mas, tende coragem! Eu venci o mundo!"

João 16, 32b-33

Jesus nos lembra que podemos viver em paz, apesar das tribulações que enfrentamos no mundo. Ele venceu o mundo e, com sua força, convida-nos a seguir confiantes, sabendo que sua presença nos dá coragem para superar qualquer dificuldade. Em Cristo, sempre há vitória!

O que Deus me falou hoje?

SE CONFIO NO OUTRO, SOU CAPAZ DE ABRIR PARA ELE A PORTA DA LEALDADE

19
Terça | MAI 26
At 20,17-27
Sl 67(68)
Jo 17,1-11a

Ofereço meu dia de oração para

SANTO DO DIA
Santo Ivo

Evangelho do dia

Jesus olhou para o céu e disse: "Pai, chegou a hora: glorifica teu Filho, para que teu Filho te glorifique. Pois tens dado ao Filho autoridade sobre todos os homens, para que dê vida eterna aos que lhe deste".

João 17,1-2

PALAVRA DO CORAÇÃO
#glorificação

Jesus, em sua oração ao Pai, revela-nos a missão que recebeu: dar a vida eterna a todos que o seguem. Ele glorifica o Pai por cumprir essa missão, oferecendo-nos o dom da salvação. Somos convidados a participar dessa glória, vivendo a vida eterna que ele nos proporciona.

O que Deus me falou hoje?

20
MAI 26 Quarta

At 20,28-38
Sl 67(68)
Jo 17,11b-19

A FIDELIDADE BROTA DA MISTURA DE LEALDADE COM CONFIANÇA

Ofereço meu dia de oração para

SANTO DO DIA
São Bernardino de Sena

Evangelho do dia

Jesus ergueu os olhos ao céu e rezou, dizendo: "Pai santo, guarda-os em teu nome, o nome que me deste, para que sejam um como nós. Quando eu estava com eles, eu mesmo conservava no teu nome os que me deste".

João 17,1a.11b-12a

PALAVRA DO CORAÇÃO
#unidade

Jesus pede ao Pai que nos guarde em seu nome e nos torne um, assim como ele e o Pai são um. A unidade entre nós é fundamental para vivermos a vontade de Deus. Em Cristo, somos chamados a viver em comunhão, refletindo o amor e a união divina em nossas relações.

O que Deus me falou hoje?

UMA RELAÇÃO PROFUNDA COM DEUS SÓ É POSSÍVEL EM UM ESPAÇO DE CONFIANÇA E LEALDADE

21
Quinta | MAI 26
At 22,30; 23,6-11
Sl 15(16)
Jo 17,20-26

Ofereço meu dia de oração para

SANTO DO DIA
Beatos Manuel González e Adílio Daronch

Evangelho do dia

"Pai santo, eu não rogo somente por eles, mas também por todos aqueles que hão de crer em mim pela sua palavra. Que todos sejam um! Meu Pai, que eles estejam em nós, assim como tu estás em mim e eu em ti. Que sejam um, para que o mundo creia que tu me enviaste."

João 17,20-21

PALAVRA #atração DO CORAÇÃO

Jesus ora pela unidade de todos os que crerão nele, para que, assim como ele e o Pai são um, nós também sejamos um em Cristo. Essa unidade é um testemunho poderoso para o mundo. Em nossa comunhão de amor, Deus se revela e atrai os corações para si.

O que Deus me falou hoje?

22
MAI 26 Sexta

At 25,13b-21
Sl 102(103)
Jo 21,15-19

CONFIAR EM DEUS É IR ADIANTE, SEM SE APOIAR NO QUE SE VÊ E NAS PRÓPRIAS CERTEZAS

SANTO DO DIA
Santa Rita de Cássia

PALAVRA DO CORAÇÃO
#servir

Ofereço meu dia de oração para

Evangelho do dia

E Jesus perguntou pela segunda vez a Pedro: "Simão, filho de João, tu me amas?". Pedro respondeu: "Sim, Senhor, tu sabes que te amo!". Disse-lhe Jesus: "Cuida de minhas ovelhas".

João 21,16

Jesus pergunta a Pedro, "Tu me amas?", e ao ouvir a resposta, confia-lhe a missão de cuidar de suas ovelhas. O amor por Cristo é demonstrado no serviço ao próximo. Assim como Pedro, somos chamados a viver nosso amor por Jesus, cuidando, guiando e amando aqueles que ele nos confia.

O que Deus me falou hoje?

DEUS NÃO É ALGUÉM A QUEM SE POSSA MENTIR, POIS SUA PALAVRA É A VERDADE

23 — Sábado MAI 26

At 28,16-20.30-31
Sl 10(11)
Jo 21,20-25

Ofereço meu dia de oração para

SANTO DO DIA
São João Batista Rossi

Evangelho do dia

Este é o discípulo que dá testemunho de tudo isso e que escreveu essas coisas. Nós sabemos que seu testemunho é verdadeiro. Há, porém, muitas outras coisas que Jesus fez. Se todas elas fossem escritas uma por uma, creio que nem o mundo inteiro poderia conter os livros que seriam escritos.

João 21,24-25

PALAVRA DO CORAÇÃO #vivência

O discípulo nos dá um testemunho fiel de tudo o que viveu com Jesus, lembrando-nos de que a vida de Cristo é tão rica e profunda que simplesmente não cabe em livros. Nossa missão também é dar testemunho do que Jesus fez por nós, compartilhando sua graça e seu amor por meio de nossas vidas.

O que Deus me falou hoje?

24
MAI 26 | Domingo

At 2,1-11a
Sl 103(104)
1Cor 12,3b-7.12-13
Jo 20,19-23

A FIDELIDADE CONTRIBUI PARA NÃO DESPERDIÇARMOS OU GASTARMOS NOSSA ENERGIA EMOCIONAL OU INTELECTUAL DE QUALQUER JEITO

Ofereço meu dia de oração para

Domingo de Pentecostes

PALAVRA DO CORAÇÃO
#anunciar

Evangelho do dia

Quando os discípulos viram o Senhor, ficaram cheios de alegria. Então Jesus lhes disse de novo: "A paz esteja convosco! Como o Pai me enviou, assim também eu vos envio". Depois destas palavras, soprou sobre eles e lhes disse: "Recebei o Espírito Santo".

João 20,20b-22

Jesus, ao ressuscitar, dá aos discípulos a paz e os envia com uma missão. Ele soprou sobre eles o Espírito Santo, capacitando-os para serem testemunhas da ressurreição. Assim, também somos enviados, com a força do Espírito, para viver e anunciar a paz e o amor de Cristo, vivendo como ele próprio viveu.

O que Deus me falou hoje?

É BOM DEIXAR DE LADO AS SITUAÇÕES QUE DESESTABILIZAM NOSSAS VIDAS

25
Segunda | MAI 26

Gn 3,9-15.20 ou
At 1,12-14
Sl 86(87)
Jo 19,25-34

Ofereço meu dia de oração para

SANTO DO DIA
Santa Virgem Maria, Mãe da Igreja

Evangelho do dia

Perto da cruz de Jesus, estavam sua mãe, a irmã de sua mãe, Maria, mulher de Cléofas, e Maria Madalena. E Jesus, vendo sua mãe e perto dela o discípulo a quem amava, disse à sua mãe: "Mulher, eis aí o teu filho!". Em seguida, disse ao discípulo: "Eis aí tua mãe!". E desde aquela hora o discípulo a recebeu aos seus cuidados.

João 19,25-27

PALAVRA DO CORAÇÃO
#zelar

Mesmo em seu sofrimento, Jesus demonstrou seu amor e cuidado. Ao confiar sua mãe a João, o Senhor nos ensina a importância de cuidarmos uns dos outros com amor e responsabilidade. Cada um de nós é chamado a viver esse gesto de acolhimento, olhando para os outros com o mesmo amor e dedicação que Cristo teve por Maria.

O que Deus me falou hoje?

26
MAI 26 Terça

1Pd 1,10-16
Sl 97(98)
Mc 10,28-31

O VERDADEIRO VENCEDOR SABE DEMONSTRAR GRATIDÃO A QUEM O AJUDA

SANTO DO DIA
São Felipe Néri

PALAVRA DO CORAÇÃO
#sacrifício

Ofereço meu dia de oração para

Evangelho do dia

"Em verdade vos digo, ninguém que deixar uma casa, ou irmãos, ou irmãs, ou mãe, ou pai, ou filhos, ou terras, por causa de mim e do Evangelho, ficará sem receber, já agora, no presente, cem vezes mais em casas, em irmãos, em irmãs, em mães, em filhos, em terras e, também, perseguições, e, no mundo futuro, a vida eterna."

Marcos 10,29-30

Jesus nos ensina que, ao sacrificarmos algo por amor a ele e ao Evangelho, recebemos de volta muito mais, tanto nesta vida quanto na eternidade. O caminho de seguir a Cristo pode envolver dificuldades e perseguições, mas ele nos promete uma recompensa abundantemente maior, com a certeza da vida eterna.

O que Deus me falou hoje?

DIANTE DOS COMBATES DO DIA A DIA, O OTIMISMO É FUNDAMENTAL PARA A SINTONIA COM A DINÂMICA DE SUPERAÇÃO

27
Quarta | MAI 26

1Pd 1,18-25
Sl 147(147B)
Mc 10,32-45

Ofereço meu dia de oração para

SANTO DO DIA
Santo Agostinho de Cantuária

Evangelho do dia

Jesus disse aos discípulos: "Eis que estamos subindo para Jerusalém e o Filho do homem será entregue aos sumos sacerdotes e aos mestres da lei. Eles o condenarão à morte e o entregarão aos pagãos".
Marcos 10,33

PALAVRA DO CORAÇÃO
#entrega

Ao anunciar sua entrega, Jesus nos mostra o caminho do amor e do sacrifício. Ele sabia o que estava por vir, mas, mesmo assim, entregou-se por nós. A verdadeira entrega não é fácil, mas é pela doação de si que encontramos o verdadeiro propósito da vida cristã.

O que Deus me falou hoje?

28
MAI 26 Quinta

1Pd 2,2-5.9-12
Sl 99(100)
Mc 10,46-52

DEUS É UMA FONTE INESGOTÁVEL QUE NOS CRIOU PARA CRESCERMOS SEMPRE

Ofereço meu dia de oração para

SANTO DO DIA: São Germano

PALAVRA DO CORAÇÃO: #olhar

Evangelho do dia

Então Jesus lhe perguntou: "O que queres que eu te faça?". O cego respondeu: "Rabbuní, que eu veja de novo!". Jesus, por fim, lhe disse: "Vai, a tua fé te salvou". Imediatamente ele recuperou a vista e o seguia pelo caminho.

Marcos 10,51-52

O cego, em sua limitação, confiou plenamente em Jesus e pediu para ver. Jesus, ao responder com a cura, ensina-nos que é a nossa fé que nos permite experimentar o poder de Deus. Quando acreditamos e buscamos com sinceridade, ele nos dá a visão verdadeira para enxergarmos o mundo com os olhos do amor e da graça.

O que Deus me falou hoje?

O CORAÇÃO DE CRISTO VENCEDOR DA MORTE, RESSUSCITADO PELO PAI, REALMENTE ESTÁ PULSANDO EM VOCÊ?

29
Sexta | MAI 26

1Pd 4,7-13
Sl 95(96)
Mc 11,11-26

Ofereço meu dia de oração para

SANTO DO DIA
Santa Úrsula Ledochowska

Evangelho do dia

Entrando no Templo, Jesus começou a expulsar os que vendiam e compravam dentro do Templo. E instruía o povo, dizendo: "Por acaso não está escrito: 'Minha casa será chamada casa de oração para todas as nações?'. Mas vós fizestes dela um antro de ladrões".

Marcos 11,15a.17

PALAVRA #purificação DO CORAÇÃO

Ao expulsar os vendedores do Templo, Jesus nos chama a refletir sobre a pureza do nosso coração e das nossas intenções. O Templo é lugar de oração, comunhão e santidade, não de negócios ou interesses egoístas. Somos convidados a purificar nosso interior, fazendo de nossas vidas um verdadeiro lugar de adoração e encontro com Deus, afastando tudo o que nos distancia dele.

O que Deus me falou hoje?

30

MAI 26 Sábado

Jd 17.20b-25
Sl 62(63)
Mc 11,27-33

NÃO FUJA DOS SEUS PROBLEMAS. ENFRENTE OS OBSTÁCULOS DE FRENTE E DE CABEÇA ERGUIDA

Ofereço meu dia de oração para

SANTO DO DIA
Santa Joana d'Arc

PALAVRA DO CORAÇÃO
#autoridade

Evangelho do dia

Jesus e os discípulos foram de novo a Jerusalém. Enquanto Jesus andava pelo Templo, aproximaram-se dele os sumos sacerdotes, os mestres da lei e anciãos, que diziam: "Com que autoridade fazes estas coisas? Ou quem te deu essa autorização para fazeres estas coisas?"

Marcos 11,27-28

Quando os líderes questionam Jesus sobre sua autoridade, ele nos ensina que sua autoridade vem diretamente de Deus, não de homens. Jesus age em nome do Pai, e sua missão é cumprir a vontade divina. Assim, também nós somos chamados a viver nossa fé em Cristo, fazendo sua vontade e testemunhando sua verdade no mundo, com humildade e confiança.

O que Deus me falou hoje?

31
Domingo | MAI 26

Ex 34,4b-6.8-9
Dn 3,52.53.54.55.56
2Cor 13,11-13
Jo 3,16-18

SEM LUTAS, NINGUÉM PODE ESPERAR VENCER

Ofereço meu dia de oração para

Santíssima Trindade

Evangelho do dia

Pois Deus amou tanto o mundo, que deu seu Filho Único para que todo o que nele crer não morra, mas tenha a vida eterna. Porque Deus não mandou o seu Filho ao mundo para condenar o mundo, mas para que o mundo seja salvo por ele.

João 3,16-17

PALAVRA #presente DO CORAÇÃO

O amor de Deus é revelado plenamente no sacrifício de seu Filho, que veio não para condenar, mas para salvar. Jesus nos oferece a vida eterna como um presente divino aos que nele creem. Ao aceitar esse amor, somos transformados e chamados a viver a plenitude da salvação, refletindo esse amor em nossas ações e relacionamentos.

O que Deus me falou hoje?

SAGRADO CORAÇÃO DE JESUS, eu CONFIO em Vós!

junho

2026
ANO A | MATEUS

oração
SÃO FRANCISCO DE ASSIS (atribuída)

Senhor,
Fazei de mim um instrumento de vossa Paz.
Onde houver ódio, que eu leve o amor.
Onde houver ofensa, que eu leve o perdão.
Onde houver discórdia, que eu leve a união.
Onde houver dúvida, que eu leve a fé.
Onde houver erro, que eu leve a verdade.
Onde houver desespero, que eu leve a esperança.
Onde houver tristeza, que eu leve a alegria.
Onde houver trevas, que eu leve a luz!

Ó Mestre,
Fazei que eu procure mais: consolar, que ser consolado; compreender, que ser compreendido; amar, que ser amado.
Pois é dando que se recebe. Perdoando que se é perdoado, e é morrendo que se vive para a vida eterna!

Amém.

intenção
de oração do Papa

VALORES DO ESPORTE

Rezemos para que o esporte seja um instrumento de paz, encontro e diálogo entre culturas e nações, promovendo valores como o respeito, a solidariedade e a superação pessoal.

1
Segunda | JUN 26

ACOLHER É SEMPRE UM GESTO DE AMOR E DEMONSTRA INTERESSE PELO OUTRO

2Pd 1,2-7
Sl 90(91)
Mc 12,1-12

Ofereço meu dia de oração para

SANTO DO DIA: São Justino

Evangelho do dia

"'Este é o herdeiro. Vamos matá-lo para que a herança seja nossa'. Agarraram o filho, mataram-no, e o jogaram fora da vinha. O que fará o senhor da vinha?"

Marcos 12,7-9a

PALAVRA DO CORAÇÃO: #justiça

No evangelho, os agricultores rejeitam o filho do dono da vinha, pensando que poderiam tomar sua herança. Ao rejeitarmos o Filho, estamos rejeitando a própria vida e o caminho da salvação. Somos chamados a acolher Jesus em nossas vidas, reconhecendo-o como herdeiro de tudo e como a única fonte de justiça verdadeira.

O que Deus me falou hoje?

2

JUN 26   Terça

2Pd 3,12-15a.17-18
Sl 89(90)
Mc 12,13-17

A PRESENÇA DE JESUS É O QUE MUDA TUDO EM SUA VIDA

Ofereço meu dia de oração para

SANTO DO DIA
Santos Marcelino e Pedro

PALAVRA DO CORAÇÃO
#dever

Evangelho do dia

Jesus lhes disse: "Dai a César o que é de César e a Deus o que é de Deus!". E ficaram assombrados com esta sua resposta.

Marcos 12,17

"Dai a César o que é de César e a Deus o que é de Deus" é uma frase de Jesus que nos lembra a importância de cumprir nossos deveres civis, mas também de colocar Deus em primeiro lugar em nossas vidas. Nossa fé deve orientar todas as nossas ações, buscando sempre o que é justo, tanto no mundo quanto no reino de Deus.

O que Deus me falou hoje?

CRISTO NÃO PRETENDE DEIXAR-NOS ONDE ESTAMOS, MAS ELE QUER NOS LEVAR A UMA VIDA NOVA

3
Quarta | JUN 26
2Tm 1,1-3.6-12
Sl 122(123)
Mc 12,18-27

Ofereço meu dia de oração para

SANTO DO DIA
São Carlos Lwanga e comp. Mártires

Evangelho do dia

"Mestre, Moisés determinou: 'Se alguém tem um irmão e este morre deixando a mulher sem filhos, ele deverá casar-se com a viúva para dar uma descendência ao irmão falecido'". [...] "Ele não é um Deus dos mortos, mas de vivos! Vós estais num grande erro!".

Marcos 12,19.27

PALAVRA DO CORAÇÃO
#vida

Jesus nos revela que Deus não é Deus de mortos, mas de vivos, lembrando-nos que a vida que ele nos oferece é plena e eterna. Somos chamados a viver nessa esperança, sabendo que, com Cristo, nossa existência é renovada na plenitude do seu amor.

O que Deus me falou hoje?

4

JUN 26 Quinta

Dt 8,2-3.14b-16a
Sl 147(147B)
1Cor 10,16-17
Jo 6,51-58

QUEM VERDADEIRAMENTE ACOLHE A GRAÇA DE DEUS E DEIXA-SE ACOLHER POR CRISTO NÃO PERMANECE DO MESMO JEITO

Santíssimo Corpo e Sangue de Cristo

PALAVRA #comunhão DO CORAÇÃO

Ofereço meu dia de oração para

Evangelho do dia

"Porque minha carne é verdadeira comida, e o meu sangue é verdadeira bebida. Quem come minha carne e bebe meu sangue permanece em mim e eu nele."

João 6,55-56

Jesus nos oferece sua carne e seu sangue como verdadeira comida e bebida, convidando-nos a uma união profunda com ele. Na Eucaristia, somos alimentados por sua vida entregue. Essa comunhão não é apenas um rito, mas um convite a viver em íntima união com o Senhor, experimentando sua presença que transforma nossas vidas.

O que Deus me falou hoje?

SÓ A VERDADE É CAPAZ DE PROMOVER A PAZ E PROPORCIONAR TRANQUILIDADE AO CORAÇÃO

5
Sexta | JUN 26

2Tm 3,10-17
Sl 118(119)
Mc 12,35-37

Ofereço meu dia de oração para

SANTO DO DIA
São Bonifácio

Evangelho do dia

"Como é que os mestres da Lei podem dizer que o Cristo é filho de Davi? O próprio Davi o chama Senhor; então como pode ser seu filho?"

Marcos 12,35b.37a

Jesus questiona a compreensão dos mestres da Lei sobre o Messias, revelando o mistério de sua identidade divina e humana. O Cristo, ou Messias, é mais do que filho de Davi, ele é Senhor e Salvador, vindo de Deus. Em Jesus, encontramos a verdadeira revelação de Deus para nós.

PALAVRA DO CORAÇÃO
#mistério

O que Deus me falou hoje?

6
JUN 26 | Sábado

2Tm 4,1-8
Sl 70(71)
Mc 12,38-44

QUE JESUS SE TORNE O CENTRO DE TODOS OS CORAÇÕES!

Ofereço meu dia de oração para

SANTO DO DIA
São Marcelino Champagnat

PALAVRA DO CORAÇÃO
#generosidade

Evangelho do dia

"Esta viúva pobre deu mais do que todos os outros que atiravam o seu dinheiro no cofre, porque todos deram do que lhes sobrava; ela, porém, deu tudo quanto possuía, todo o seu sustento."

Marcos 12,43b-44

A viúva nos ensina que a verdadeira generosidade não se mede pela quantidade, mas pela entrega total. Ela deu tudo o que tinha, não por excesso, mas por amor e confiança em Deus. Jesus nos mostra que, diante de Deus, o valor do nosso gesto está na disposição de dar com o coração, entregando-nos sem reservas, sabendo que ele cuida de nós.

O que Deus me falou hoje?

O ARREPENDIMENTO É PORTA PARA A RECONCILIAÇÃO E O PERDÃO. É RETOMAR O CAMINHO E CRESCER COM OS PRÓPRIOS ERROS

7
Domingo | JUN 26

Os 6,3-6
Sl 49(50)
Rm 4,18-25
Mt 9,9-13

Ofereço meu dia de oração para

10º Domingo do Tempo Comum

Evangelho do dia

"Não são as pessoas de saúde que precisam de médico, mas os doentes. Ide aprender o que significa: 'Prefiro a misericórdia ao sacrifício'. Em verdade, não vim chamar os justos, mas os pecadores."

Mateus 9,12b-13

PALAVRA DO CORAÇÃO
#misericórdia

Jesus veio para curar os doentes, não os que se consideram justos. Ele deseja misericórdia e não sacrifícios vazios. A misericórdia de Deus é a chave para a nossa cura e transformação. Somos chamados a reconhecer nossas fragilidades e, com humildade, abrir o coração para o perdão e a compaixão divina, acolhendo sua graça que nos restaura.

O que Deus me falou hoje?

8
JUN 26 Segunda

1Rs 17,1-6
Sl 120(121)
Mt 5,1-12

O PERDÃO NOS PÕE DE PÉ

SANTO DO DIA
São Medardo

PALAVRA DO CORAÇÃO
#recompensa

Ofereço meu dia de oração para

Evangelho do dia

"Felizes sereis quando vos ofenderem, perseguirem e disserem todo o tipo de calúnia contra vós por minha causa. Ficai alegres e contentes, porque grande será a vossa recompensa no céu".

Mateus 5,11-12a

Quando somos perseguidos por causa de Jesus, nossa recompensa no céu será grande. As dificuldades e injustiças que enfrentamos por seguir o caminho de Cristo não são em vão. Pelo contrário, são oportunidades de crescer na fé e na esperança, sabendo que Deus nos promete consolo e uma alegria eterna. Sejamos firmes, pois a recompensa divina supera qualquer sofrimento terreno.

O que Deus me falou hoje?

PERDOAR É ABRIR AS PORTAS DO CORAÇÃO PARA LIMPAR AS MANCHAS DA MALDADE

9 — Terça | JUN 26

1Rs 17,7-16
Sl 4
Mt 5,13-16

Ofereço meu dia de oração para

SANTO DO DIA
São José de Anchieta

Evangelho do dia

Disse Jesus a seus discípulos: "Vós sois o sal da terra. Mas se acaso o sal vier a perder o sabor, com que poderá recuperá-lo? [...] Vós sois a luz do mundo".

Mateus 5,13a.14a

PALAVRA DO CORAÇÃO
#sabor

Jesus nos chama de "sal da terra" e "luz do mundo", convidando-nos a ser um testemunho vivo de sua presença e seu amor. O sal dá sabor e preserva, do mesmo modo nossa fé deve dar sabor à vida e preservar os valores de Deus no mundo. A luz ilumina o caminho, e nossa missão é refletir a luz de Cristo, levando esperança e amor a todos ao nosso redor.

O que Deus me falou hoje?

10
JUN 26 Quarta

1Rs 18,20-39
Sl 15(16)
Mt 5,17-19

A PAIXÃO É O MODO COMO VOCÊ ESCOLHE VIVER, OU SEJA, VIVER DE ACORDO COM A ESCOLHA FEITA E A MISSÃO ASSUMIDA

SANTO DO DIA
Santa Olívia

PALAVRA #essência DO CORAÇÃO

Ofereço meu dia de oração para

Evangelho do dia

Disse Jesus aos seus discípulos: "Não penseis que vim revogar a Lei ou os Profetas. Não vim revogar, mas levá-los à perfeição".

Mateus 5,17

Jesus não veio para abolir a Lei, mas para dar-lhe pleno cumprimento. Ele é a realização das promessas de Deus. Ao seguir Jesus, aprendemos a viver a Lei com o coração, no amor e na misericórdia, cumprindo não apenas os mandamentos, mas a essência de Deus em nossa vida.

O que Deus me falou hoje?

DESEJAR TER UM CORAÇÃO APAIXONADO POR JESUS É QUERER TER OS MESMOS SENTIMENTOS DO SEU SAGRADO CORAÇÃO

11
Quinta | JUN 26
At 11,21b-26.13,1-3
Sl 97(98)
Mt 10,7-13

Ofereço meu dia de oração para

SANTO DO DIA
São Barnabé

Evangelho do dia

"De graça recebestes, de graça deveis dar! Não arranjeis nem ouro, nem prata, nem dinheiro para carregar convosco, nem saco de viagem, nem duas túnicas, nem calçado, nem bordão, porque o trabalhador tem direito ao seu sustento".

Mateus 10,8b-10

PALAVRA DO CORAÇÃO
#simplicidade

A missão que Cristo nos confia é marcada pela simplicidade e confiança na providência divina. Somos chamados a partilhar o que temos, sem egoísmo, confiando que Deus suprirá nossas necessidades. A verdadeira generosidade vem do coração e é uma forma de expressar o amor e cuidado de Deus com os outros.

O que Deus me falou hoje?

12
JUN 26 Sexta

Dt 7,6-11
Sl 102(103)
1Jo 4,7-16
Mt 11,25-30

NO HORIZONTE DA FÉ, A ATITUDE INTERIOR DE DISPONIBILIDADE APOSTÓLICA É FRUTO DO AMOR

Ofereço meu dia de oração para

Sagrado Coração de Jesus

PALAVRA #mansidão DO CORAÇÃO

Evangelho do dia

"Tomai sobre vós o meu jugo e aprendei de mim, que sou manso e humilde de coração, e encontrareis repouso para vossas almas. Porque o meu jugo é suave, e o meu fardo é leve".

Mateus 11,29-30

Jesus nos convida a tomar seu jugo, que é suave, e seu fardo, que é leve. Ele nos ensina que, vivendo a mansidão e a humildade, encontramos descanso para nossas vidas. Quando acolhemos sua sabedoria e confiamo-nos a ele, as dificuldades se tornam mais suportáveis.

O que Deus me falou hoje?

SOMOS CHAMADOS A CAMINHAR COM CRISTO E A DEIXAR-NOS ILUMINAR POR ELE

13
Sábado | JUN 26

Is 61,9-11
1Sm 2,1.4-5.6-7.8
Lc 2,41-51

Ofereço meu dia de oração para

Imaculado Coração de Maria

Evangelho do dia

Então, Jesus desceu de lá em companhia de seus pais, voltou para Nazaré, e lhes era submisso. Sua mãe conservava fielmente todas essas coisas no coração.

Lucas 2,51

PALAVRA DO CORAÇÃO
#obediência

Jesus nos dá o exemplo de humildade e obediência aos seus pais. Ele nos ensina que a verdadeira grandeza está em viver a vida com simplicidade e respeito. Maria, sua mãe, guarda em seu coração os mistérios de Deus, mostrando-nos a importância da contemplação e confiança na ação divina.

O que Deus me falou hoje?

14

JUN 26 Domingo

Ex 19,2-6a
Sl 99(100)
Rm 5,6-11
Mt 9,36–10,8

A PESSOA DISPONÍVEL É AQUELA QUE ESTÁ SEMPRE OLHANDO PARA AS NECESSIDADES DOS DEMAIS

11º Domingo do Tempo Comum

Ofereço meu dia de oração para

PALAVRA DO CORAÇÃO
#agir

Evangelho do dia

Jesus convocou os seus doze discípulos e lhes deu o poder de expulsar os espíritos impuros e de curar toda espécie de doenças e enfermidades.

Mateus 10,1

Jesus nos ensina que, ao seguir seu caminho, somos chamados a ser instrumentos de cura e transformação no mundo. A missão que ele nos dá não é apenas de palavras, mas de ação, pois, na fé, somos portadores de seu amor e poder, trazendo alívio e paz a todos que sofrem.

O que Deus me falou hoje?

SER PERSEVERANTE É SEGUIR JESUS MESMO NAS DIFICULDADES E TENTAÇÕES, SEMPRE FAZENDO O BEM

15
Segunda | JUN 26

1Rs 21,1-16
Sl 5
Mt 5,38-42

Ofereço meu dia de oração para

SANTO DO DIA
Bem-aventurada Albertina Berkenbrock

Evangelho do dia
"Mas eu vos digo que não resistais ao malvado. A quem te bater na face direita, apresenta também a outra!"
Mateus 5,39

PALAVRA DO CORAÇÃO
#perdoar

Jesus nos ensina a responder ao mal com o bem. Quando ele nos diz para oferecer a outra face, convida-nos a praticar o perdão e a não responder à violência com mais violência. Em um mundo que muitas vezes busca vingança, Jesus nos chama a agir com misericórdia e paciência.

O que Deus me falou hoje?

16
JUN 26 | Terça

1Rs 21,17-29
Sl 50(51)
Mt 5,43-48

PERSEVERAR É ENCONTRAR NOVAS OPORTUNIDADES NAS ADVERSIDADES

SANTO DO DIA
Bem-aventurado Padre Donizetti

PALAVRA DO CORAÇÃO
#reconciliar

Ofereço meu dia de oração para

Evangelho do dia

"Amai os vossos inimigos e rezai por aqueles que vos perseguem; deste modo vos mostrareis filhos do vosso Pai que está nos céus, porque ele faz raiar o sol sobre os bons e os maus, e chover sobre os justos e os injustos."

Mateus 5,44-45

Jesus nos chama a amar nossos inimigos e rezar por aqueles que nos perseguem. Esse amor vai além do que o mundo espera, pois ele reflete o amor incondicional de Deus, que não faz distinção entre justos e injustos. Ao praticarmos esse amor, tornamo-nos verdadeiros filhos de Deus, imitando seu coração misericordioso.

O que Deus me falou hoje?

QUANDO AS COISAS ESTÃO RUINS, EM CRISE, É O MOMENTO PARA AS NOVIDADES, PARA BUSCAR OUTROS CAMINHOS

17
Quarta | JUN 26

2Rs 2,1.6-14
Sl 30(31)
Mt 6,1-6.16-18

Ofereço meu dia de oração para

SANTO DO DIA
São Raniero de Pisa

Evangelho do dia

"Mas quando jejuares, perfuma tua cabeça e lava teu rosto, para não dares a entender aos homens que estás jejuando, e sim a teu Pai que está presente, até em lugar oculto; e o teu Pai, que enxerga até em lugar oculto, te dará a recompensa."

Mateus 6,17-18

PALAVRA DO CORAÇÃO
#jejum

Jesus nos ensina a viver a nossa fé com sinceridade, sem buscar reconhecimento humano, mas agradando a Deus em nossa intimidade. O jejum, assim como outras práticas de fé, deve ser um gesto de humildade e entrega, feito em segredo, para que nossa recompensa venha do Pai que vê o coração.

O que Deus me falou hoje?

18
JUN 26 | Quinta

Eclo 48,1-14
Sl 96(97)
Mt 6,7-15

NO AMOR, O QUE SE QUER É RECIPROCIDADE E NÃO RECOMPENSA

Ofereço meu dia de oração para

SANTO DO DIA
São Gregório João Barbarigo

PALAVRA #simplicidade DO CORAÇÃO

Evangelho do dia

Disse Jesus aos seus discípulos: "Quando rezardes, não multipliqueis as palavras como fazem os pagãos: pensam que, devido à força de muitas palavras, serão atendidos. Não sejais semelhantes a eles; porque o vosso Pai sabe do que precisais, antes de fazerdes o pedido".

Mateus 6,7-8

Jesus nos ensina que a oração não depende de palavras longas ou complicadas, mas de um coração sincero. Deus já conhece nossas necessidades antes mesmo de as expressarmos. A verdadeira oração nasce da confiança em seu amor e em sua providência.

O que Deus me falou hoje?

19
Sexta | JUN 26

PERDOAR É IMPORTANTE, POIS NOS LIVRA DE MAUS SENTIMENTOS

2Rs 11,1-4.9-18.20
Sl 131(132)
Mt 6,19-23

Ofereço meu dia de oração para

SANTO DO DIA: São Gervásio e São Protásio

Evangelho do dia

"Porque, onde estiver o teu tesouro, ali estará também o teu coração. Teus olhos são como uma lâmpada para o corpo. Se, pois, os teus olhos estão bons, todo o teu corpo entrará na luz. Mas se teus olhos estão doentes, todo o teu corpo estará em trevas."

Mateus 6,21-23

PALAVRA DO CORAÇÃO #valor

Jesus nos ensina que aquilo que nós valorizamos reflete o que está em nosso coração. Se nosso tesouro está em Deus, nosso coração será iluminado e nossa vida será cheia de luz e paz. Devemos, portanto, cuidar do que temos como prioridade, pois onde está o nosso tesouro, ali está a verdadeira fonte da nossa vida e felicidade.

O que Deus me falou hoje?

20
JUN 26 Sábado

2Cr 24,17-25
Sl 88(89)
Mt 6,24-34

NÃO PERDOAR É COMO FICAR PRISIONEIRO EM UM QUARTO ESCURO DENTRO DE SI

SANTO DO DIA
São Silvério

PALAVRA DO CORAÇÃO
#confiar

Ofereço meu dia de oração para

Evangelho do dia

"Não vos preocupeis, então, com o dia de amanhã, porque o dia de amanhã trará consigo suas próprias preocupações! A cada dia, bastam as suas penas."

Mateus 6,34

Jesus nos convida a viver o presente com confiança em Deus, sem nos angustiar pelo futuro. Cada dia traz suas próprias dificuldades, e não adianta carregar preocupações que ainda não existem. Entreguemos ao Senhor cada preocupação e vivamos com a confiança de que ele cuidará de nós a cada passo.

O que Deus me falou hoje?

AINDA QUE A INJUSTIÇA SOFRIDA TENHA SIDO GRANDE, ELA NÃO DEVE NOS CONTAMINAR POR COMPLETO

21 Domingo JUN 26

Jr 20,10-13
Sl 68(69)
Rm 5,12-15
Mt 10,26-33

Ofereço meu dia de oração para

12º Domingo do Tempo Comum

Evangelho do dia

Disse Jesus a seus apóstolos: "Não tenhais medo dos homens. Nada há de oculto que não seja revelado, e nada há de secreto que não se venha a saber".

Mateus 10,26

PALAVRA DO CORAÇÃO
#esperar

Jesus nos chama a não ter medo de tudo o que as pessoas possam fazer, pois tudo será revelado no tempo certo. Não devemos temer o julgamento humano, mas sim confiar em Deus, que conhece nossas intenções e nossas vidas.

O que Deus me falou hoje?

22

JUN 26 Segunda

2Rs 17,5-8.13-15a.18
Sl 59(60)
Mt 7,1-5

SOMOS BENEFICIÁRIOS DA BONDADE E DA GRAÇA DE DEUS, QUE ESTÁ SEMPRE PRONTO A NOS DAR O PERDÃO

SANTO DO DIA
Santos João Fischer e Tomás More

PALAVRA DO CORAÇÃO
#julgamento

Ofereço meu dia de oração para

Evangelho do dia

Disse Jesus aos seus discípulos: "Não julgueis os outros para não serdes julgados; porque com o julgamento com que julgardes, sereis julgados, e com a medida com que medirdes sereis medidos".

Mateus 7,1-2

Jesus nos ensina a não julgar, pois o julgamento que fazemos dos outros será o mesmo que receberemos. Ao invés de condenar, somos chamados a olhar com misericórdia e compreensão, lembrando que todos têm suas lutas e fragilidades.

O que Deus me falou hoje?

23

Terça JUN 26

TODO DIA É OCASIÃO PARA COLHER AS NOVIDADES COM QUE A VIDA NOS BRINDA

2Rs 19,9b-11.14-21.31-35a.36
Sl 47(48)
Mt 7,6.12-14

Ofereço meu dia de oração para

SANTO DO DIA
Santos Mártires de Nicomédia

Evangelho do dia

Disse Jesus aos seus discípulos: "Portanto, tudo o que quereis que os outros vos façam, fazei o mesmo também vós a eles: nisso está a Lei e os Profetas".

Mateus 7,12

Jesus nos ensina a prática da empatia, convidando-nos a tratar os outros como gostaríamos de ser tratados. Ao praticarmos essa máxima, construímos um mundo mais justo e fraterno, refletindo o amor de Deus em nossas atitudes cotidianas.

PALAVRA DO CORAÇÃO
#empatia

O que Deus me falou hoje?

24

JUN 26 Quarta

Is 49,1-6
Sl 138(139)
At 13,22-26
Lc 1,57-66.80

A FÉ FAZ COM QUE SE TENHA ESPERANÇA DE QUE ALGO MELHOR ESTÁ POR VIR

Ofereço meu dia de oração para

Natividade de São João Batista

PALAVRA DO CORAÇÃO

#súplica

Evangelho do dia

O anjo disse: "Não tenhas medo, Zacarias, porque tua oração foi ouvida: tua esposa Isabel vai te dar um filho e lhe porás o nome de João. Com isso terás uma grande satisfação e alegria, e muitos também se alegrarão com o seu nascimento, porque ele será grande diante do Senhor".

Lucas 1,13-15a

O nascimento de João é motivo de grande alegria, não só para seus pais, mas também para muitos, pois ele vai preparar o caminho do Senhor. Possamos também nós confiarmos em Deus, mesmo diante das adversidades, e acreditar que ele sempre ouve nossas súplicas, trazendo luz e alegria, mesmo quando a esperança parece distante.

O que Deus me falou hoje?

25

Quinta | JUN 26

É NECESSÁRIO TER CONFIANÇA PARA SEGUIR EM FRENTE

2Rs 24,8-17
Sl 78(79)
Mt 7,21-29

Ofereço meu dia de oração para

SANTO DO DIA
São Guilherme de Vercelli

Evangelho do dia

"Assim, todo aquele que ouve as minhas palavras e as põe em prática será semelhante a um homem ajuizado, que constrói sua casa sobre a rocha. Cai a chuva, correm as enxurradas, sopram os ventos que se lançam contra essa casa. Mas ela não desaba, porque está construída sobre a rocha."

Mateus 7,24-25

PALAVRA DO CORAÇÃO
#firmeza

Jesus nos ensina que a verdadeira sabedoria está em ouvir suas palavras e colocá-las em prática. Assim como uma casa bem construída sobre a rocha resiste às tempestades, nossa vida, alicerçada na palavra de Deus, permanecerá firme diante das dificuldades.

O que Deus me falou hoje?

26
JUN 26 Sexta

2Rs 25,1-12
Sl 136(137)
Mt 8,1-4

TER FÉ NOS PERMITE REALIZAR AQUILO QUE PARECE SER IMPOSSÍVEL

Ofereço meu dia de oração para

SANTO DO DIA
Santos João e Paulo

PALAVRA
#purificação
DO CORAÇÃO

Evangelho do dia

Aconteceu que um leproso chegou perto e se prostrou diante dele, dizendo: "Senhor, se queres, podes curar-me". Jesus estendeu a mão, tocou nele, e respondeu: "Eu quero! Estás curado!".

Mateus 8,2-3

O gesto de Jesus ao tocar o leproso revela a profundidade da sua misericórdia. Mesmo sendo impuro aos olhos da sociedade, o leproso encontra no Mestre a cura e a compaixão. Jesus nos ensina que, mesmo com nossas fragilidades e imperfeições, ele sempre está disposto a nos tocar com seu amor e nos purificar.

O que Deus me falou hoje?

PEÇA A DEUS QUE FAÇA SEU CORAÇÃO MAIS ATENTO E ABERTO PARA NELE CRER

27
Sábado JUN 26

Lm 2,2.10-14.18-19
Sl 73(74)
Mt 8,5-17

Ofereço meu dia de oração para

SANTO DO DIA
São Cirilo de Alexandria

Evangelho do dia

Quando Jesus entrou em Cafarnaum, um centurião foi procurá-lo, implorando: "Senhor, meu filho está de cama em minha casa atacado de paralisia e sofre horrivelmente". Respondeu-lhe Jesus: "Irei curá-lo".

Mateus 8,5-7

PALAVRA DO CORAÇÃO
#entender

O oficial romano demonstrou uma grande fé ao confiar em Jesus, mesmo sem pedir para que ele fosse até sua casa. Ele acreditava no poder de Jesus para curar à distância, o que impressionou o Senhor. Somos ensinados que a fé verdadeira é aquela que confia no poder, mesmo sem ver.

O que Deus me falou hoje?

28

JUN 26 Domingo

At 12,1-11
Sl 33(34)
2Tm 4,6-8.17-18
Mt 16,13-19

NÃO BASTA OUVIR AS VOZES EXTERNAS, É PRECISO DAR ATENÇÃO À VOZ DE DEUS QUE GRITA DENTRO DE NÓS

Ofereço meu dia de oração para

SANTO DO DIA
São Pedro e São Paulo, Apóstolos

PALAVRA DO CORAÇÃO
#alicerce

Evangelho do dia

"Pois, também eu te digo: tu és Pedro e sobre esta pedra edificarei a minha Igreja, e as forças diabólicas não poderão vencê-la. Eu te darei as chaves do Reino dos Céus."

Mateus 16,18-19a

Pedro, a rocha firme, é escolhido por Cristo como alicerce da Igreja. Mesmo diante das forças do mal, essa rocha permanecerá inabalável. Confiemos na autoridade de Deus que nos conduz ao Reino dos Céus.

O que Deus me falou hoje?

ESCUTAR E MEDITAR COM O CORAÇÃO A PALAVRA DE DEUS NOS PERMITE OUVIR A VOZ DO AMADO QUE NOS FALA

29
Segunda | JUN 26

Am 2,6-10.13-16
Sl 49(50)
Mt 8,18-22

Ofereço meu dia de oração para

SANTO DO DIA
Santa Ema de Gurk

Evangelho do dia

Um outro dentre os discípulos disse a Jesus: "Senhor, deixa-me primeiro ir enterrar meu pai". Mas Jesus lhe falou: "Segue-me! Deixa que os mortos enterrem os seus mortos".

Mateus 8,21-22

PALAVRA DO CORAÇÃO
#urgência

Seguir Jesus exige prontidão, pois a vida eterna que ele oferece é mais importante do que qualquer coisa terrena. Somos desafiados a responder ao seu chamado agora, sem esperar pelo momento "perfeito", mas confiando que, ao seguir a Cristo, encontraremos a verdadeira vida.

O que Deus me falou hoje?

30

JUN 26 | Terça

Am 3,1-8.4,11-12
Sl 5
Mt 8,23-27

OUVIR COM ATENÇÃO A VOZ DE DEUS É DESCOBRIR A FONTE DE ÁGUA VIVA

Ofereço meu dia de oração para

SANTO DO DIA
Santos Protomártires Romanos

PALAVRA DO CORAÇÃO
#calmaria

Evangelho do dia

"Senhor, salva-nos! Estamos perdidos!". Jesus respondeu-lhes: "Por que estais com medo, homens pobres de fé?". Então, se levantou, deu uma ordem aos ventos e ao mar, e se fez uma grande calma.

Mateus 8,25b-26

Mesmo em meio às dificuldades, Jesus tem o poder de trazer paz. O Senhor nos ensina que, quando a nossa fé é fraca, o medo toma conta. Mas, se confiarmos plenamente em Cristo, ele acalma as tempestades da nossa vida. Lembremos sempre que não estamos sozinhos! Jesus está conosco, ele é a nossa paz, mesmo quando tudo ao redor parece estar desmoronando.

O que Deus me falou hoje?

julho

2026
ANO A | MATEUS

oração
DO NASCITURO (CNBB)

Nós vos louvamos, Senhor Deus da vida.
Bendito sejais, porque nos criaste por amor.
Vossas mãos nos moldaram desde o ventre materno.
Nós vos agradecemos pelos nossos pais e todas as
pessoas que cuidam da vida desde o seu início, até o fim.
Em vós somos, vivemos e existimos.
Abençoai todos que zelam pela vida humana e a promovem.
Abençoai as gestantes e todos os profissionais da saúde.
Dai às pessoas e às famílias o pão de cada dia,
a luz da fé e do amor fraterno.
Nossa Senhora Aparecida, intercedei por nossos nascituros,
nossas crianças, nossos jovens, nossos adultos e nossos idosos,
para que tenham vida plena em Jesus, que ofereceu sua vida
em favor de todos.
Amém!

intenção
de oração do Papa

RESPEITO À VIDA HUMANA

Rezemos pelo respeito e pela proteção
da vida humana em todas as suas etapas,
reconhecendo-a como um dom de Deus.

É A VOZ DE DEUS EM SEU CORAÇÃO QUE VAI LIBERTÁ-LO, NÃO O LUGAR EM QUE VOCÊ ESTÁ

1
Quarta | JUL 26

Am 5,14-15.21-24
Sl 49(50)
Mt 8,28-34

Ofereço meu dia de oração para

SANTO DO DIA
Beata Assunta Marchetti

Evangelho do dia

Os demônios saíram, e entraram nos porcos. E eis que todos se atiraram morro abaixo até o mar, e se afogaram nas suas águas. Os guardas dos porcos fugiram e foram à cidade contar tudo o que havia sucedido, e o caso dos possessos.

Mateus 8,32-33

PALAVRA DO CORAÇÃO
#libertação

A libertação de Jesus transforma a vida, trazendo paz onde havia tormenta. Os demônios saem e a verdade se revela, fazendo com que até os corações endurecidos se abram. Em Cristo, encontramos a verdadeira liberdade, mesmo nas situações mais desesperadoras.

O que Deus me falou hoje?

2
JUL 26 Quinta

Am 7,10-17
Sl 18(19)
Mt 9,1-8

A VOZ DE DEUS QUE RESIDE EM SEU CORAÇÃO SEMPRE FALA COM VOCÊ E NUNCA O ABANDONA: ESCUTE-A!

Ofereço meu dia de oração para

SANTO DO DIA
São Bernardino Realino

PALAVRA DO CORAÇÃO
#poder

Evangelho do dia

O paralítico então se levantou e foi para casa. Vendo isso, as multidões ficaram cheias de temor e deram glória a Deus, que deu tal poder aos homens.

Mateus 9,7-8

A fé que leva à cura transforma vidas e glorifica a Deus. Quando confiamos no poder de Cristo, o impossível se torna possível. A multidão reconheceu, e nós também devemos reconhecer a presença divina em nossas vidas.

O que Deus me falou hoje?

O CORAÇÃO DE JESUS É O QUE HÁ DE MAIS GENTIL E TERNO EM SUA VIDA

3
Sexta | JUL 26
Ef 2,19-22
Sl 116(117)
Jo 20,24-29

Ofereço meu dia de oração para

SANTO DO DIA
São Tomé

Evangelho do dia

Tomé respondeu: "Meu Senhor e meu Deus!". Jesus lhe disse: "Porque me viste, Tomé, acreditaste. Bem-aventurados os que acreditam sem ter visto!"

João 20,28-29

PALAVRA DO CORAÇÃO
#esperar

A fé não se baseia no que vemos, mas no que acreditamos. Jesus nos chama a confiar nele, mesmo sem provas visíveis. Bem-aventurados aqueles que creem de coração, sem precisar ver, pois sua fé é verdadeira.

O que Deus me falou hoje?

4

JUL 26 Sábado

Am 9,11-15
Sl 84(85)
Mt 9,14-17

A FÉ QUE PROFESSAMOS E CELEBRAMOS NOS CONDUZ NO CAMINHO DA SANTIDADE

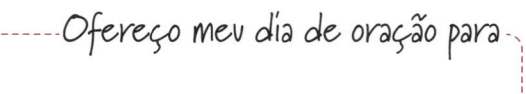

Ofereço meu dia de oração para

SANTO DO DIA: Santa Isabel de Portugal

PALAVRA DO CORAÇÃO: #reconstruir

Evangelho do dia

"Não se coloca vinho novo em velhos recipientes de couro, porque do contrário eles arrebentam, o vinho escorre e os recipientes se estragam. Pelo contrário, vinho novo em recipientes novos e ambos se conservam."

Mateus 9,17

Jesus nos chama a uma transformação interior, para recebermos a graça divina. Não podemos permanecer os mesmos e esperar viver algo novo. Ao renovar nosso coração, recebemos o vinho novo da salvação que nos mantêm firmes na fé.

O que Deus me falou hoje?

QUANDO VIVEMOS E NOS MOVEMOS EM DEUS, NOSSA VIDA É TRANSFORMADA EM OFERECIMENTO AOS MAIS FRÁGEIS

5
Domingo | JUL 26

Zc 9,9-10
Sl 144(145)
Rm 8,9.11-13
Mt 11,25-30

Ofereço meu dia de oração para

14º Domingo do Tempo Comum

Evangelho do dia

"Tomai sobre vós o meu jugo e aprendei de mim, que sou manso e humilde de coração, e encontrareis descanso para vossas almas. Porque o meu jugo é suave, e o meu fardo, leve".

Mateus 11,29-30

PALAVRA DO CORAÇÃO
#leveza

Jesus nos oferece um caminho de humildade e mansidão, e nele encontramos descanso para nossa alma. Quando seguimos seu exemplo, nossos fardos se tornam leves. Em Cristo, a paz verdadeira se revela, trazendo alívio para nossos corações.

O que Deus me falou hoje?

6
JUL 26 Segunda

Os 2,16.17b-18.21-22
Sl 144(145)
Mt 9,18-26

QUE O MEU CORAÇÃO SEJA PLENO DE BONDADE E COMPAIXÃO COMO FOI O CORAÇÃO DE CRISTO

SANTO DO DIA
Santa Maria Goretti

PALAVRA DO CORAÇÃO
#vencer

Ofereço meu dia de oração para

Evangelho do dia

Um chefe foi se prostrar diante dele e disse: "Minha filha acaba de morrer. Vem, põe tua mão sobre ela para que volte à vida". Jesus se levantou e o acompanhou com os seus discípulos.

Mateus 9,18-19

Mesmo diante da morte, a fé no poder de Jesus traz vida e esperança. O chefe acreditou na Palavra de Cristo, e a vida venceu a morte. Em nossa caminhada de fé, encontramos a certeza de que Jesus sempre responde ao clamor do nosso coração.

O que Deus me falou hoje?

7

Terça | JUL 26

Os 8,4-7.11-13
Sl 113B(115)
Mt 9,32-38

QUEM SE DEIXA TOCAR E SER CURADO POR JESUS, RECOBRA A ALEGRIA DE VIVER

Ofereço meu dia de oração para

Evangelho do dia

Disse Jesus a seus discípulos: "A colheita é grande, mas pequeno é o número dos trabalhadores. Rogai, então, ao dono da lavoura para que mande trabalhadores para a colheita!".

Mateus 9,37-38

SANTO DO DIA — São Vilibaldo

PALAVRA #diferença DO CORAÇÃO

Jesus nos chama a ser trabalhadores na sua messe, espalhando o amor e a palavra de Deus. A colheita é grande, mas a missão exige compromisso e dedicação. Possamos também nós responder ao seu chamado com prontidão, fazendo a diferença no mundo.

O que Deus me falou hoje?

8
JUL 26 Quarta

Os 10,1-3.7-8.12
Sl 104(105)
Mt 10,1-7

CRISTO, NOSSA FELIZ ESPERANÇA, RECOMENDA-NOS SERENIDADE E FORTALEZA NOS TEMPOS DIFÍCEIS

Ofereço meu dia de oração para

SANTO DO DIA
Santos Áquila e Priscila

PALAVRA DO CORAÇÃO
#casa

Evangelho do dia

Jesus enviou esses Doze em missão, tendo-lhes dado as seguintes instruções: "Não tomeis o caminho que conduz aos pagãos e não entreis em nenhuma cidade dos samaritanos. Ide, de preferência, às ovelhas perdidas da casa de Israel!".

Mateus 10,5-6

Jesus envia seus discípulos para alcançar os perdidos e restaurar quem está distante. A missão começa dentro de nossa própria casa, onde a necessidade de salvação é grande. Possamos também nós, com coragem, ser instrumentos de Cristo, levando sua palavra a todos.

O que Deus me falou hoje?

9

Quinta | JUL 26

Os 11,1-4.8c-9
Sl 79(80)
Mt 10,7-15

CONFIANTES NO SENHOR, PRECISAMOS ESTAR PRONTOS A DAR AOS OUTROS AS RAZÕES DE NOSSA FÉ E DE NOSSA ESPERANÇA

Ofereço meu dia de oração para

SANTO DO DIA
Santa Paulina

Evangelho do dia

"De graça recebestes, de graça deveis dar! Não arranjeis nem ouro, nem prata, nem dinheiro para carregar convosco, nem saco de viagem, nem duas túnicas, nem calçado, nem bordão, porque o trabalhador tem direito ao seu sustento."

Mateus 10,8b-10

Jesus nos ensina que, assim como recebemos de graça, devemos também dar de graça. A verdadeira generosidade não se mede pelo que temos, mas pelo coração disposto a servir. Ao seguir Cristo, aprendemos a compartilhar suas bênçãos com os outros.

PALAVRA DO CORAÇÃO
#generosidade

O que Deus me falou hoje?

10

JUL 26 Sexta

Os 14,2-10
Sl 50(51)
Mt 10,16-23

QUEM CONTEMPLA O CORAÇÃO DE CRISTO DESCOBRE SEU AMOR REDENTOR

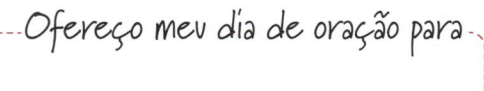

Ofereço meu dia de oração para

SANTO DO DIA
Santas Rufina e Segunda

PALAVRA DO CORAÇÃO
#provação

Evangelho do dia

"Quando vos entregarem ao julgamento, não vos preocupeis em saber como falar, nem com o que dizer, pois o que devereis dizer vos será dado no momento. É que não sereis vós que falareis, mas o Espírito de vosso Pai falará em vós".

Mateus 10,19-20

Jesus nos chama a confiar plenamente no Espírito Santo, que nos guia nas situações difíceis. Quando estivermos em momentos de provação, o Espírito falará em nós. Não precisamos temer, pois Deus sempre nos dá as palavras certas.

O que Deus me falou hoje?

ESTAMOS GRAVADOS NO CORAÇÃO DE CRISTO, ELE NÃO SE ESQUECE DE NÓS

11 — Sábado JUL 26

Is 6,1-8
Sl 92(93)
Mt 10,24-33

Ofereço meu dia de oração para

SANTO DO DIA: São Bento

Evangelho do dia

"Não tenhais medo daqueles que matam o corpo, mas não podem matar a alma. Antes, temei aquele que pode fazer a alma e o corpo morrerem na geena".

Mateus 10,28

PALAVRA DO CORAÇÃO — #fortaleza

Jesus nos ensina a não temer as ameaças externas, mas a ter reverência a Deus, que é a fonte da verdadeira vida. Nossa alma é eterna, e nossa fé deve estar alicerçada no Senhor, que tem poder sobre tudo. Em Cristo, encontramos coragem para enfrentar qualquer desafio.

O que Deus me falou hoje?

12

JUL 26 Domingo

Is 55,10-11
Sl 64(65)
Rm 8,18-23
Mt 13,1-23

Ó CORAÇÃO DE JESUS, SEI QUE ME SUSTENTAIS E VOS AGRADEÇO PELA TERNURA COM QUE ME TRATAIS

15º Domingo do Tempo Comum

PALAVRA
#escuta
DO CORAÇÃO

Ofereço meu dia de oração para

Evangelho do dia

Jesus ensinou-lhes muitas coisas em parábolas. Ele dizia: "Saiu certo semeador a semear. Quando semeava, caíram grãos pelo caminho, vieram as aves do céu e os comeram".

Mateus 13,3-4

Jesus nos ensina que a Palavra de Deus é semeada em nossos corações, mas é necessário estarmos atentos para que que ela não seja perdida. As distrações da vida podem impedir o crescimento da fé. Possamos também nós saber escutar e guardar a Palavra com um coração aberto.

O que Deus me falou hoje?

CADA CRISTÃO DEVE SER UMA ESTRELA, SER LUZ NO SENHOR, UM SINAL RESPLANDECENTE DA PRESENÇA DE JESUS

13
Segunda | JUL 26

Is 1,10-17
Sl 49(50)
Mt 10,34–11,1

Ofereço meu dia de oração para

SANTO DO DIA
Santo Henrique

Evangelho do dia

Disse Jesus aos seus discípulos: "Não penseis que vim trazer paz sobre a terra. Não vim trazer a paz, e sim a espada. Quem não toma a sua cruz e não me segue não é digno de mim".

Mateus 10,34.38

PALAVRA DO CORAÇÃO
#compromisso

Jesus nos chama a um compromisso radical com ele, que pode trazer desafios e divisões. A verdadeira paz vem do seguir a Cristo, mesmo em meio às dificuldades. Tomar nossa cruz é aceitar o chamado de viver plenamente com o Senhor, todos os dias.

O que Deus me falou hoje?

14
JUL 26 | Terça

Is 7,1-9
Sl 47(48)
Mt 11,20-24

ESTAMOS NO MUNDO NÃO PARA AGRADAR A TODOS, MAS PARA SERVIR

SANTO DO DIA
São Camilo de Lellis

PALAVRA DO CORAÇÃO
#responsabilidade

Ofereço meu dia de oração para

Evangelho do dia
"No dia do juízo haverá menos rigor para Tiro e Sidon do que para vós. [...] No dia do juízo haverá menos rigor para com a região de Sodoma do que para convosco."
Mateus 11,22.24

Jesus nos lembra sobre a responsabilidade que temos de acolher sua mensagem com coração aberto. Quanto mais recebemos da sua graça, maior é o nosso compromisso em viver conforme sua vontade. No juízo, seremos julgados pela nossa resposta de amor ao seu chamado.

O que Deus me falou hoje?

DEUS SE ALEGRA QUANDO DEIXAMOS FLUIR DE NOSSO CORAÇÃO O MELHOR DE NÓS MESMOS

15
Quarta | JUL 26

Is 10,5-7.13-16
Sl 93(94)
Mt 11,25-27

Ofereço meu dia de oração para

SANTO DO DIA
São Boaventura

Evangelho do dia

Jesus pôs-se a dizer: "Eu te bendigo, Pai, Senhor do céu e da terra, por teres ocultado estas coisas aos sábios e entendidos e as teres revelado aos pequeninos. Sim, Pai, porque dessa maneira é que se realizou o que dispuseste na tua benevolência".

Mateus 11,25-26

PALAVRA DO CORAÇÃO
#simplicidade

Jesus revela o Reino de Deus aos humildes, que têm corações simples e abertos. A sabedoria divina não se encontra nas riquezas do saber humano, mas na pureza e humildade diante de Deus. Possamos também nós aprender a receber a graça de Deus com um coração de criança.

O que Deus me falou hoje?

16

JUL 26 Quinta

Zc 2,14-17
Lc 1,46-47.48-49.50-51.52-53.54-55
Mt 12,46-50

É MAIS FELIZ QUEM ANTECIPA O DOM, OFERECENDO E REPARTINDO SUA RIQUEZA, DO QUE AQUELE QUE APENAS RECEBE

SANTO DO DIA
Nossa Senhora do Carmo

PALAVRA DO CORAÇÃO
#família

Ofereço meu dia de oração para

Evangelho do dia

Jesus respondeu a quem o informava: "Quem é minha mãe e quem são meus irmãos?". Então, Jesus apontou com a mão para os seus discípulos e disse: "Eis aqui minha mãe e meus irmãos".

Mateus 12,48-49

Jesus redefine o que é a verdadeira família, que se caracteriza não pela ligação da carne, mas pela fé e obediência à vontade de Deus. Aqueles que seguem seus ensinamentos tornam-se seus irmãos e irmãs. Em Cristo, somos unidos como uma verdadeira família espiritual.

O que Deus me falou hoje?

17
Sexta | JUL 26

AMIZADE É O AMOR FELIZ RETRIBUÍDO

Is 38,1-6.21-22.7-8
Is 38,10.11.12.16
Mt 12,1-8

Ofereço meu dia de oração para

SANTO DO DIA
Beato Inácio de Azevedo e comp. Mártires

Evangelho do dia

"Oxalá houvésseis compreendido o que significa: 'Prefiro a misericórdia ao sacrifício', porque nunca teríeis condenado a inocentes. Na verdade, o Filho do Homem é senhor do sábado."

Mateus 12,7-8

PALAVRA DO CORAÇÃO
#compaixão

**Jesus nos lembra que a misericórdia é mais importante que o sacrifício, pois é no amor que encontramos a verdadeira justiça.
Ao praticarmos a misericórdia, seguimos o exemplo de Cristo, que é Senhor sobre todas as coisas. Possamos também nós viver com compaixão e compreender o verdadeiro sentido do Reino.**

O que Deus me falou hoje?

18

JUL 26 | Sábado

Mq 2,1-5
Sl 9B(10)
Mt 12,14-21

A ALEGRIA PURA É PURA FELICIDADE E DURA PARA SEMPRE

SANTO DO DIA: São Frederico

PALAVRA DO CORAÇÃO: #adversidades

Ofereço meu dia de oração para

Evangelho do dia

Os fariseus, então, se retiraram e fizeram uma reunião contra Jesus, sobre os meios de o matarem. Jesus veio a saber disso e retirou-se de lá. Muitos o acompanharam, e ele curou a todos. Ordenou-lhes que não revelassem nada a ninguém a respeito dele, para que se cumprisse o que tinha sido dito pelo profeta Isaías.

Mateus 12,14-17a

Mesmo diante da perseguição, Jesus segue cumprindo sua missão de curar e salvar. Ele nos ensina a agir com sabedoria, buscando sempre a vontade do Pai. A missão de Cristo se realiza não pela fama, mas pela transformação dos corações.

O que Deus me falou hoje?

19

Domingo | JUL 26

Sb 12,13.16-19
Sl 85(86)
Rm 8,26-27
Mt 13,24-43

DEUS QUER A NOSSA ALEGRIA

Ofereço meu dia de oração para

16º Domingo do Tempo Comum

Evangelho do dia

Jesus contou-lhes outra parábola: "O Reino dos Céus é como um homem que semeou boa semente em seu campo. Mas, enquanto todos dormiam, veio seu inimigo, semeou joio bem no meio do trigo, e foi embora".

Mateus 13,24-25

PALAVRA #vigilância DO CORAÇÃO

O Reino de Deus cresce em nossos corações, mas devemos estar atentos, pois o mal também tenta semear o joio. A vigilância é essencial para que a boa semente frutifique. Devemos confiar na paciência de Deus, que separará o bem do mal no tempo oportuno.

O que Deus me falou hoje?

20
JUL 26 Segunda

Mq 6,1-4.6-8
Sl 49(50)
Mt 12,38-42

FELICIDADE É O PLANO DE DEUS PARA NOSSA VIDA

Ofereço meu dia de oração para

SANTO DO DIA
Santo Elias

PALAVRA DO CORAÇÃO
#escolha

Evangelho do dia

"A rainha do Sul vai se levantar no dia do Juízo contra esta geração e a condenará, porque veio dos confins da terra ouvir a sabedoria de Salomão, e eis aqui alguém maior do que ele!"

Mateus 12,42

Jesus é a sabedoria divina, maior do que qualquer grande sábio da terra. A geração que o rejeita será condenada, pois a sabedoria que o Senhor nos oferece é a verdadeira fonte de vida. Devemos ouvir e seguir Cristo, que nos revela o caminho da salvação.

O que Deus me falou hoje?

A NOSSA ORAÇÃO DEVE SER A DA INTIMIDADE, DAQUELE SILÊNCIO INTERIOR QUE BROTA DO CORAÇÃO

21
Terça | JUL 26
Mq 7,14-15.18-20
Sl 84(85)
Mt 12,46-50

Ofereço meu dia de oração para

SANTO DO DIA
São Lourenço de Brindisi

Evangelho do dia

Então Jesus apontou com a mão para os seus discípulos e disse: "Eis aqui minha mãe e meus irmãos. Porque todo aquele que faz a vontade do meu Pai que está no céu, este é meu irmão, minha irmã e minha mãe".

Mateus 12,49-50

PALAVRA DO CORAÇÃO
#obedecer

Jesus nos ensina que ao fazermos a vontade de Deus em nossas vidas nos tornamos seus irmãos. Mas vai além: diz também que nos tornamos sua "mãe". Como isso é possível? Toda vez que testemunhamos o Cristo e o anunciamos aos nossos irmãos e irmãs fazemos brotar no coração de cada um o embrião da Palavra encarnada.

O que Deus me falou hoje?

22

JUL 26 Quarta

Ct 3,1-4a ou
2Cor 5,14-17
Sl 62(63)
Jo 20,1-2.11-18

A GRAÇA DA CONFISSÃO ABRE NOSSO CORAÇÃO AO DE JESUS

SANTO DO DIA: Santa Maria Madalena

PALAVRA DO CORAÇÃO: #anunciar

Ofereço meu dia de oração para

Evangelho do dia

"Vai, porém, procura meus irmãos para lhes dizer: subo para meu Pai e vosso Pai, meu Deus e vosso Deus". Maria Madalena foi anunciar aos discípulos: "Vi o Senhor!". E contou o que Jesus lhe tinha dito.

João 20,17b-18

Maria Madalena se torna a primeira a anunciar a ressurreição de Jesus, revelando a alegria da vitória sobre a morte. A experiência pessoal com Cristo nos chama a ser testemunhas da sua ação em nós. Possamos também nós proclamar com coragem: "Vi o Senhor!".

O que Deus me falou hoje?

TOMAR A CRUZ A CADA DIA É CUMPRIR A PRÓPRIA MISSÃO!

23 Quinta | JUL 26

Jr 2,1-3.7-8.12-13
Sl 35(36)
Mt 13,10-17

Ofereço meu dia de oração para

SANTO DO DIA: Santa Brígida

Evangelho do dia

Então os discípulos chegaram perto e perguntaram: "Por que motivo falas com eles em parábolas?". Jesus respondeu: "Porque a vós é dado conhecer os mistérios do Reino dos Céus, mas não a eles".

Mateus 13,10-11

PALAVRA DO CORAÇÃO #revelação

Jesus revela os mistérios do Reino aos seus discípulos, pois a verdadeira compreensão vem do coração aberto à sua palavra. As parábolas desafiam nossa fé, convidando-nos a buscar mais profundamente a sabedoria de Deus.

O que Deus me falou hoje?

24

JUL 26 | Sexta

Jr 3,14-17
Jr 31,10.11-12ab.13
Mt 13,18-23

O CRESCIMENTO NO CONHECIMENTO E NO AMOR DE CRISTO É AMADURECIMENTO NA FÉ

SANTO DO DIA
São Charbel Makhlouf

PALAVRA #fruto DO CORAÇÃO

Ofereço meu dia de oração para

Evangelho do dia

"Quanto ao grão semeado em terra boa, indica os que ouvem a Palavra e a compreendem: e eles produzem bons frutos, na base de cem, de sessenta, de trinta grãos por um".

Mateus 13,23

A Palavra de Deus, quando recebida com um coração aberto, gera frutos abundantes em nossas vidas. Cada um de nós, conforme a graça que recebe, produz conforme a sua fé. Possamos também nós ser boa terra, dando frutos de amor, paz e justiça.

O que Deus me falou hoje?

25
Sábado | JUL 26

A VITÓRIA DE JESUS É TAMBÉM NOSSA, PORQUE ELE VIVE EM NÓS!

2Cor 4,7-15
Sl 125(126)
Mt 20,20-28

Ofereço meu dia de oração para

SANTO DO DIA
São Tiago, Apóstolo

Evangelho do dia

"Mas entre vós não será assim. E quem quiser fazer-se grande entre vós será vosso servidor, e quem quiser ser o primeiro dentre vós, será o vosso empregado, a exemplo do Filho do homem, que não veio para ser servido, mas para servir e dar a sua vida como resgate pela multidão dos homens".

Mateus 20,26-28

PALAVRA DO CORAÇÃO
#grandeza

Jesus nos ensina que a verdadeira grandeza está no serviço ao próximo, e não no poder ou status. Ele, sendo o maior, fez-se servo, mostrando-nos o caminho do amor sacrificial. Devemos seguir seu exemplo, colocando os outros em primeiro lugar e servindo com humildade.

O que Deus me falou hoje?

26
JUL 26 Domingo

1Rs 3,5.7-12
Sl 118(119)
Rm 8,28-30
Mt 13,44-52

O CORAÇÃO DE JESUS É NOSSA SABEDORIA PORQUE TRANSBORDA EM NÓS A VERDADE E O AMOR

Ofereço meu dia de oração para

17º Domingo do Tempo Comum

PALAVRA #tesouro DO CORAÇÃO

Evangelho do dia

"O Reino dos Céus é como um tesouro escondido num campo. Um homem o encontra. Então, esconde-o novamente e, cheio de alegria, vai vender tudo o que tem e compra esse campo".

Mateus 13,44

O Reino dos Céus é um tesouro de valor incomparável, digno de toda entrega e renúncia. Ao encontrar Cristo, somos chamados a dar tudo por ele, pois sua graça é a verdadeira riqueza. Que nossa vida seja marcada pela alegria de possuir este tesouro eterno.

O que Deus me falou hoje?

O AMOR DE DEUS É DERRAMADO EM NOSSOS CORAÇÕES E TOMA A FORMA E O TAMANHO DO NOSSO CORAÇÃO

27
Segunda | JUL 26

Jr 13,1-11
Dt 32,18-19.20.21
Mt 13,31-35

Ofereço meu dia de oração para

SANTO DO DIA
São Pantaleão

Evangelho do dia

"O Reino dos Céus é como um grão de mostarda. [...] É a menor de todas as sementes, quando cresce, vem a ser a maior das hortaliças, tornando-se até uma árvore em cujos ramos as aves do céu vão pousar e fazem ninhos".

Mateus 13,31a-32

PALAVRA #crescimento **DO CORAÇÃO**

O Reino dos Céus começa de forma pequena, mas, quando cultivado com fé, cresce e se expande de maneira grandiosa. Assim como a semente de mostarda, nossa fé, embora pequena, pode transformar o mundo. Possa nossa confiança em Deus se tornar uma árvore frutífera, oferecendo abrigo e vida.

O que Deus me falou hoje?

28
JUL 26 | Terça

Jr 14,17-22
Sl 78(79)
Mt 13,36-43

O AMOR DE DEUS SE FAZ VISÍVEL E SE REVELA CONFORME A CORRESPONDÊNCIA E O CARISMA DE CADA PESSOA

Ofereço meu dia de oração para

SANTO DO DIA
Santos Nazário e Celso

PALAVRA DO CORAÇÃO
#santidade

Evangelho do dia

"Como se recolhe o joio para ser queimado no fogo, assim acontecerá no fim do mundo: o Filho do homem enviará os seus anjos, que tirarão do seu Reino todos os que causam escândalos e promovem a iniquidade".

Mateus 13,40-41

No fim dos tempos, Deus separará o bem do mal, revelando sua justiça. O joio será queimado, mas os justos permanecerão no seu Reino. Vivamos em retidão, sempre atentos à santidade que Deus exige de nós.

O que Deus me falou hoje?

QUANTO MAIS NOS EXPOMOS À LUZ DO ESPÍRITO SANTO, MAIS NOS CONFORMAMOS AO CORAÇÃO DE JESUS

29
Quarta | JUL 26

1Jo 4,7-16
Sl 33(34)
Jo 11,19-27

Ofereço meu dia de oração para

Evangelho do dia

Jesus lhe disse: "Eu sou a ressurreição e a vida. Todo aquele que crê em mim, mesmo se morrer, viverá; e todo o que vive e crê em mim, não morrerá para sempre. Crês nisso?". Ela respondeu: "Sim, Senhor, creio que és o Messias, o Filho de Deus, que devia vir ao mundo".

João 11,25-27

SANTO DO DIA
Santos Lázaro, Marta e Maria

PALAVRA DO CORAÇÃO
#firmeza

Jesus é a ressurreição e a vida, e aqueles que acreditam nele têm a esperança da vida eterna. Mesmo na morte, a fé em Cristo nos garante a vitória sobre a separação eterna. Assim como Marta, possamos também nós responder com firmeza: "Eu creio, Senhor!".

O que Deus me falou hoje?

30
JUL 26 Quinta

Jr 18,1-6
Sl 145(146)
Mt 13,47-53

A FÉ VENCE AS TEMPESTADES DE NOSSO TEMPO TORMENTOSO, DANDO-NOS A VITÓRIA SOBRE O MAL

SANTO DO DIA
São Pedro Crisólogo

PALAVRA DO CORAÇÃO
#separação

Ofereço meu dia de oração para

Evangelho do dia

"O Reino dos Céus é também como uma rede lançada ao lago, que recolhe toda espécie de peixes. Quando está cheia, os pescadores a arrastam para a praia, sentam-se e recolhem os bons nos cestos, atirando fora os que não prestam".

Mateus 13,47-48

O Reino dos Céus acolhe a todos, mas no fim haverá uma separação entre o bem e o mal. Como os pescadores, Deus distinguirá os justos dos ímpios. Possamos viver de modo digno, para sermos acolhidos no Reino eterno.

O que Deus me falou hoje?

OPTAR PELO QUE É FUNDAMENTAL E ESSENCIAL: ESSA É A MISSÃO URGENTE DE TODAS AS PESSOAS NA IGREJA

31
Sexta | JUL 26

Jr 26,1-9
Sl 68(69)
Mt 13,54-58

Ofereço meu dia de oração para

SANTO DO DIA
Santo Inácio de Loyola

Evangelho do dia

Jesus, então, lhes disse: "Todo profeta é respeitado em toda parte, menos na sua terra e entre os seus". E não fez ali muitos milagres, porque não tinham fé.

Mateus 13,57-58

PALAVRA #abertura DO CORAÇÃO

A falta de fé impede que experimentemos o poder de Deus em nossas vidas. Mesmo sendo quem é, Jesus não pôde realizar milagres onde a incredulidade prevaleceu: sua própria pátria. Que nossa fé abra espaço para a ação divina e transforme nossa realidade.

O que Deus me falou hoje?

APRENDEI DE MIM

que sou manso e humilde

de Coração!

agosto

2026
ANO A | MATEUS

oração

Ó Deus, por que nos abandonaste e se volta contra nós o teu rosto? Lembra-te deste povo escolhido por ti desde sempre, da tribo que é tua herança e da Pátria Grande onde fizeste tua morada.

Dirige teu andar a essas ruínas: neste santuário o inimigo está destruindo tudo; onde fora tua assembleia rugem teus adversários, e seus próprios interesses são colocados como escudo.

Incendiaram tua imagem, ceifaram e profanaram os desejos mais profundos de teus filhos. Certamente planejaram destruir tudo.

Ó Deus, por que tanto mal acontecendo? Levanta-te e vem ao nosso encontro! Fortalece nossos braços erguidos, nosso suor cansado, nosso sangue derramado. Renova nossa esperança!

Vem defender a tua causa: a vida plena, a comida na mesa, o amor verdadeiro, o serviço doado, o trabalho para todos, a terra livre!

Amém.

intenção
de oração do Papa

EVANGELIZAÇÃO NA CIDADE

Rezemos para que nas grandes cidades, muitas vezes marcadas pelo anonimato e pela solidão, encontremos novas formas de anunciar o Evangelho, descobrindo caminhos criativos para construir comunidade.

SOMOS CHAMADOS A TESTEMUNHAR CRISTO NESTE MUNDO E A EXPERIMENTAR A TERNURA DO AMOR DE DEUS

1
Sábado | AGO 26

Jr 26,11-16.24
Sl 68(69)
Mt 14,1-12

Ofereço meu dia de oração para

SANTO DO DIA
Santo Afonso Maria de Ligório

Evangelho do dia

Herodes mandou degolar João na prisão. [...] Os discípulos de João foram buscar o corpo e o sepultaram. Depois, foram informar Jesus.

Mateus 14,10.12

PALAVRA DO CORAÇÃO
#fidelidade

João Batista permaneceu fiel à verdade, mesmo diante da morte. Sua coragem nos inspira a seguir Cristo, independentemente dos desafios. Possamos também nós, como João, ser firmes na fé, testemunhando o amor de Deus com coragem e fidelidade.

O que Deus me falou hoje?

2

AGO 26 Domingo

Is 55,1-3
Sl 144(145)
Rm 8,35.37-39
Mt 14,13-21

O CORAÇÃO É A NOSSA INTERIORIDADE, O CORAÇÃO É O ESPAÇO DO SAGRADO, É O LUGAR DA MORADA DE DEUS

Ofereço meu dia de oração para

18º Domingo do Tempo Comum

#palavra PALAVRA DO CORAÇÃO

Evangelho do dia

E tendo mandado o povo se acomodar sobre a relva, Jesus tomou os cinco pães e os dois peixes, levantou seu olhar para o céu, e recitou a fórmula da bênção. Em seguida, partiu os pães que deu aos discípulos, e eles os distribuíram ao povo. Todos comeram fartamente.

Mateus 14,19-20a

Jesus nos ensina que, com fé e gratidão, o pouco se multiplica e se torna abundante. Ele abençoa o que temos e nos envia a compartilhar suas dádivas. Possamos também nós confiar na providência divina, sabendo que ela sempre nos sustenta.

O que Deus me falou hoje?

DO CORAÇÃO BROTA O AMOR

3
Segunda | AGO 26

Jr 28,1-17
Sl 118(119)
Mt 14,22-36

Ofereço meu dia de oração para

SANTO DO DIA
Santa Lídia

Evangelho do dia

Mas logo Jesus lhes disse estas palavras: "Coragem! Sou eu. Não tenhais medo". Então Pedro lhe respondeu: "Senhor, se és tu mesmo, manda-me ir ao teu encontro, sobre as águas".

Mateus 14,27-28

PALAVRA DO CORAÇÃO
#lançar

Jesus nos chama a vencer o medo e a confiar nele, mesmo nas situações mais difíceis. Pedro, ao se lançar sobre as águas, ensina-nos que a fé em Cristo nos capacita a fazer o que parece impossível. Com coragem, possamos também nós sempre responder ao seu chamado.

O que Deus me falou hoje?

4

AGO 26 Terça

Jr 30,1-2.12-15.18-22
Sl 101(102)
Mt 15,1-2.10-14

A ORAÇÃO NOS CONECTA COM O NOSSO CORAÇÃO E COM O CORAÇÃO DE JESUS

Ofereço meu dia de oração para

SANTO DO DIA
São João Maria Vianney

PALAVRA DO CORAÇÃO
#autenticidade

Evangelho do dia

Os discípulos se aproximaram e disseram a Jesus: "Sabes que os fariseus, ouvindo isso, ficaram chocados?". Jesus respondeu: "Toda planta que meu Pai celeste não tiver plantado será arrancada".

Mateus 15,12-13

Jesus nos ensina que o que vem de Deus permanece, enquanto o que é apenas projeto humano não prospera. Devemos cultivar a verdadeira fé, enraizada na vontade do Pai. Que nossas ações e palavras reflitam a autenticidade do Reino de Deus.

O que Deus me falou hoje?

DO CORAÇÃO BROTA A ORAÇÃO MAIS PROFUNDA

5
Quarta | AGO 26

Jr 31,1-7
Jr 31,10.11-12ab.13
Mt 15,21-28

Ofereço meu dia de oração para

Dedicação da Basílica de Santa Maria Maior

Evangelho do dia

Ela replicou: "É verdade, Senhor! Pois justamente os cachorrinhos comem as migalhas que caem da mesa dos seus donos!". Então disse Jesus: "Ó mulher, é grande a tua fé! Que te seja feito o que desejas!".

Mateus 15,27-28

PALAVRA DO CORAÇÃO
#superar

A mulher, com humildade e fé, ensina-nos que a confiança em Jesus pode superar qualquer obstáculo. Sua persistência foi recompensada, mostrando que Deus responde à fé genuína. Assim como ela, possamos também nós crer e perseverar, confiantes no poder de Cristo.

O que Deus me falou hoje?

6

AGO 26 Quinta

Dn 7,9-10.13-14 ou
2Pd 1,16-19
Sl 96(97)
Mt 17,1-9

QUE A ÁGUA E O SANGUE, JORRADOS DO CORAÇÃO DE CRISTO NA CRUZ, FORTALEÇAM NOSSA MISSÃO

Ofereço meu dia de oração para

Transfiguração do Senhor

PALAVRA **#transfigurar** DO CORAÇÃO

Evangelho do dia

Jesus tomou consigo a Pedro, Tiago e seu irmão João, e os levou a um lugar à parte, sobre um alto monte. Transfigurou-se diante deles; seu rosto brilhava como o sol e sua roupa tornou-se branca como a luz.

Mateus 17,1-2

Na montanha, Jesus revela sua glória divina, mostrando aos discípulos um vislumbre do Reino dos Céus. A transfiguração nos lembra que, em Cristo, a luz de Deus brilha em nós. Possamos também nós ser transformados e refletir sua glória em nossas vidas.

O que Deus me falou hoje?

7
Sexta | AGO 26

ESPERAR É VIGIAR, ESTAR DESPERTO, MANTER AS LUZES ACESAS

Na 2,1.3; 3,1-3.6-7
Dt 32,35cd-36ab.39abcd.41
Mt 16,24-28

Ofereço meu dia de oração para

SANTO DO DIA
São Caetano

Evangelho do dia

Jesus disse aos discípulos: "que adianta ao homem ganhar o mundo inteiro, se com isso perder a sua vida? Ou o que poderá dar o homem, que tenha o valor da sua vida?".

Mateus 16,26

PALAVRA #prioridades DO CORAÇÃO

Jesus nos desafia a refletir sobre o que realmente importa: a salvação da nossa vida, que não pode ser comprada com riquezas ou poder. Ganhar o mundo sem Deus é perder o que é eterno. Coloquemos, portanto, nossa existência nas mãos de Deus, buscando seu Reino em primeiro lugar.

O que Deus me falou hoje?

8

AGO 26 Sábado

Hab 1,12–2,4
Sl 9A(9)
Mt 17,14-20

ENQUANTO HÁ VIDA, HÁ ESPERANÇA

Ofereço meu dia de oração para

SANTO DO DIA
São Domingos de Gusmão

PALAVRA DO CORAÇÃO
#promessas

Evangelho do dia

"Por causa da pobreza da vossa fé. Em verdade vos digo: se tiverdes fé, embora só do tamanho de um grão de mostarda, direis a este monte: 'muda-te daqui para lá!', e ele mudará. Nada vos será impossível."

Mateus 17,20

Jesus nos ensina que até mesmo uma fé pequena, como um grão de mostarda, tem o poder de mover montanhas. Não é o tamanho da fé, mas a confiança no poder de Deus que transforma tudo. Que nossa fé, por menor que seja, leve-nos a confiar plenamente em suas promessas.

O que Deus me falou hoje?

9

Domingo | AGO 26

JESUS É VIDA, FORÇA, ENERGIA QUE RENOVA, QUE REVIGORA, QUE FRUTIFICA

1Rs 19,9a.11-13a
Sl 84(85)
Rm 9,1-5
Mt 14,22-33

Ofereço meu dia de oração para

19º Domingo do Tempo Comum

Evangelho do dia

Então Pedro lhe respondeu: "Senhor, se és tu mesmo, manda-me ir ao teu encontro, sobre as águas". E Jesus respondeu: "Vem!". E Pedro saiu da barca, começou a caminhar sobre as águas, indo ao encontro de Jesus.

Mateus 14,28-29

PALAVRA DO CORAÇÃO
#superação

Quando Pedro confiou em Jesus e deu um passo de fé, ele caminhou sobre as águas. A verdadeira confiança em Cristo nos permite superar nossos medos e desafios. Assim como Pedro, possamos também nós responder ao chamado de Jesus e confiar no seu poder.

O que Deus me falou hoje?

10

AGO 26 Segunda

2Cor 9,6-10
Sl 111(112)
Jo 12,24-26

ESPERANÇA É A FÉ E O AMOR EM AÇÃO

SANTO DO DIA
São Lourenço

PALAVRA DO CORAÇÃO
#servir

Ofereço meu dia de oração para

Evangelho do dia

"Se alguém me quer servir, que me siga, e onde eu estiver, estará também o meu servo. Se alguém me serve, meu Pai o honrará."

João 12,26

Seguir a Jesus é viver para servir, como ele fez por nós. Quando nos dedicamos ao serviço com amor, Deus se alegra, pois o verdadeiro valor está em ser como Cristo. Possa nossa vida ser marcada pelo serviço fiel ao Senhor e aos irmãos.

O que Deus me falou hoje?

11

Terça | AGO 26

Ez 2,8–3,4
Sl 118(119)
Mt 18,1-5.10.12-14

NOSSA ESPERANÇA EM CRISTO CRESCE NA MEDIDA EM QUE NELE ESPERAMOS, DELE ESPERAMOS E, ACIMA DE TUDO, O ESPERAMOS

Ofereço meu dia de oração para

SANTO DO DIA
Santa Clara de Assis

Evangelho do dia

Jesus chamou um menino, colocou-o no meio deles e respondeu: "Em verdade vos digo: se não vos tornardes de novo como meninos, não podereis entrar no Reino dos Céus".

Mateus 18,2-3

PALAVRA DO CORAÇÃO
#pureza

Jesus nos ensina que a verdadeira grandeza no Reino de Deus está na humildade e simplicidade de uma criança. Somente com um coração puro e humilde poderemos entrar no Reino dos Céus. Possa nossa fé ser marcada pela confiança e dependência total de Deus.

O que Deus me falou hoje?

12
AGO 26 Quarta

Ez 9,1-7.10,18-22
Sl 112(113)
Mt 18,15-20

NOSSA FELICIDADE É TER A CERTEZA DE QUE CRISTO VIVE EM NÓS

Ofereço meu dia de oração para

SANTO DO DIA
Santa Joana de Chantal

PALAVRA DO CORAÇÃO
#reconciliar

Evangelho do dia

Disse Jesus aos seus discípulos: "Se teu irmão pecar contra ti, vai procurá-lo e o repreende a sós. Se te escutar, terás ganho o teu irmão".

Mateus 18,15

Jesus nos ensina que a correção fraterna deve ser feita com amor e em privacidade, visando a reconciliação, não o confronto. Quando corrigimos com humildade, ganhamos o irmão e fortalecemos a comunidade. Possamos também nós ser instrumentos de paz e perdão em nossas relações.

O que Deus me falou hoje?

SOMOS CHAMADOS A SER TESTEMUNHAS DE QUE VALE A PENA ACREDITAR NAS PESSOAS

13
Quinta | AGO 26

Ez 12,1-12
Sl 77(78)
Mt 18,21–19,1

Ofereço meu dia de oração para

SANTO DO DIA
Santa Dulce dos Pobres

Evangelho do dia

Pedro, então, chegou perto de Jesus e lhe perguntou: "Senhor, quantas vezes terei de perdoar a meu irmão, se pecar contra mim? Até sete vezes?". Jesus lhe respondeu: "Eu não te digo até sete vezes, mas até setenta vezes sete".

Mateus 18,21-22

PALAVRA DO CORAÇÃO
#perdão

Jesus nos ensina que o perdão não tem limites, assim como o seu amor por nós. Somos chamados a perdoar infinitamente, refletindo a misericórdia divina em nossas vidas. Possamos também nós, com generosidade, oferecer o perdão que recebemos de Deus.

O que Deus me falou hoje?

14

AGO 26 | Sexta

Ez 16,1-15.60.63
Is 12,2-4.5-6
Mt 19,3-12

ENCONTRAMOS O ROSTO MISERICORDIOSO DO PAI NA MEDIDA EM QUE SOMOS MISERICORDIOSOS COM OS IRMÃOS

Ofereço meu dia de oração para

SANTO DO DIA
São Maximiliano Kolbe

PALAVRA DO CORAÇÃO
#amor

Evangelho do dia

"Então, por que Moisés ordenou que se desse a certidão de divórcio para o repúdio?". Jesus respondeu: "Moisés vos permitiu repudiar vossas mulheres, por causa da vossa dureza de coração. Mas, no princípio, não foi assim".

Mateus 19,7b-8

O plano de Deus para o casamento cristão é de união e amor duradouro, não de separação. O endurecimento do coração provoca conflito e maldade entre as pessoas, mas o verdadeiro amor reflete a vontade de Deus desde o começo.

O que Deus me falou hoje?

É PRECISO APROXIMAR-SE DE QUEM SOFRE

15
Sábado | AGO 26

Ez 18,1-10.13b.30-32
Sl 50(51)
Mt 19,13-15

Ofereço meu dia de oração para

Evangelho do dia

Por isto Jesus lhes disse: "Deixai as crianças em paz e não as impeçais de virem a mim, pois o Reino dos Céus é daqueles que lhes são semelhantes". Então impôs as mãos sobre elas e partiu dali.

Mateus 19,14-15

SANTO DO DIA
São Tarcísio

PALAVRA DO CORAÇÃO
#pureza

Jesus nos ensina que o Reino dos Céus pertence aos que têm um coração puro e receptivo, como o das crianças. Devemos nos aproximar de Deus com humildade e confiança, sem barreiras ou preconceitos. Possa a nossa fé ser simples e sincera, como a de uma criança.

O que Deus me falou hoje?

16

AGO 26 | Domingo

Ap 11,19a;
12,1-6a.10ab
Sl 44(45)
1Cor 15,20-27a
Lc 1,39-56

PROCURE REFLETIR SOBRE COMO TEM VIVIDO A MISERICÓRDIA

Ofereço meu dia de oração para

Assunção da Bem-aventurada Virgem Maria

Evangelho do dia

Então Maria disse: "A minha alma engrandece o Senhor, meu espírito alegra-se intensamente em Deus meu Salvador, porque olhou para a humildade de sua serva".

Lucas 1,47-48

PALAVRA #simplicidade DO CORAÇÃO

Maria nos ensina que a verdadeira grandeza nasce da humildade. Deus exalta os pequenos e se alegra com os corações simples. Possa nossa alma também engrandecer o Senhor com gratidão e fé.

O que Deus me falou hoje?

AQUELE QUE É A FONTE DA VIDA, DO UNIVERSO VISÍVEL E INVISÍVEL, ME AMOU DESDE SEMPRE

17 Segunda | AGO 26

Ez 24,15-24
Dt 32,18-19.20.21
Mt 19,16-22

Ofereço meu dia de oração para

SANTO DO DIA: **São Jacinto**

Evangelho do dia

"Se queres ser perfeito, vai, vende os teus bens, dá aos pobres e terás um tesouro no céu. Depois, vem e segue-me". Tendo ouvido isso, o moço foi embora entristecido, porque possuía muitos bens.

Mateus 19,21-22

Jesus nos chama a abandonar o que nos impede de segui-lo plenamente. O apego aos bens materiais pode nos afastar do verdadeiro tesouro, que é o Reino de Deus. Possamos também nós viver com maior desapego, priorizando o que realmente vale a pena.

PALAVRA DO CORAÇÃO: **#desapego**

O que Deus me falou hoje?

18

AGO 26 | Terça

Ez 28,1-10
Dt 32,26-27ab.27cd-28.30.35cd-36ab
Mt 19,23-30

É IMPORTANTE EXERCITAR-SE NO ESPÍRITO PARA RECONHECER A VIDA NAS PEQUENAS COISAS DIÁRIAS

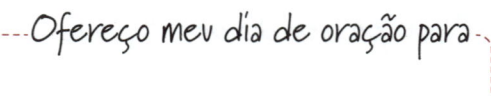

SANTO DO DIA: Santa Helena

PALAVRA DO CORAÇÃO: #alerta

Ofereço meu dia de oração para

Evangelho do dia

"Em verdade vos digo, é difícil para um rico entrar no Reino dos Céus. Repito: é mais fácil um camelo passar pelo buraco de uma agulha, do que um rico entrar no Reino dos Céus."

Mateus 19,23-24

Jesus nos alerta sobre os perigos do apego às riquezas, que podem nos afastar do Reino dos Céus. A verdadeira riqueza está em viver com humildade e generosidade. Possamos também nós buscar a pobreza de espírito e confiar totalmente em Deus.

O que Deus me falou hoje?

QUANTO MAIS EU AGRADEÇO, MAIS RAZÕES ENCONTRO PARA DAR GRAÇAS

19
Quarta | AGO 26

Ez 34,1-11
Sl 22(23)
Mt 20,1-16a

Ofereço meu dia de oração para

SANTO DO DIA
São João Eudes

Evangelho do dia

"Quero dar a este último tanto quanto a ti. Acaso não posso fazer o que quero com as minhas coisas? Ou estás com inveja, porque eu fui bom para com eles?"

Mateus 20,14b-15

PALAVRA DO CORAÇÃO
#bondade

Jesus nos ensina que a generosidade de Deus não se mede por comparações humanas. Ele age com bondade e liberdade, e o que importa é a gratuidade de seu amor. Aprendamos também nós a celebrar a bondade divina, sem inveja, reconhecendo a justiça de Deus.

O que Deus me falou hoje?

20
AGO 26 Quinta

Ez 36,23-28
Sl 50(51)
Mt 22,1-14

O PERDÃO DE DEUS PARA OS NOSSOS PECADOS NÃO CONHECE LIMITES

SANTO DO DIA: São Bernardo de Claraval

PALAVRA DO CORAÇÃO: #convite

Ofereço meu dia de oração para

Evangelho do dia

O rei disse aos servidores: "O banquete está pronto, mas os convidados não se mostraram dignos. Ide, então, às saídas das estradas e convidai para o banquete a quantos encontrardes".

Mateus 22,8-9

O rei nos chama para a festa do Reino, não por mérito, mas por sua misericórdia. Devemos abrir nosso coração para receber o convite de Deus, estendendo-o a todos, sem discriminação. Possa a nossa resposta ser de gratidão e prontidão para estarmos com o grande Rei.

O que Deus me falou hoje?

EU POSSO PEDIR PERDÃO E ACOLHER A SUA MISERICÓRDIA

21
Sexta | AGO 26
Ez 37,1-14
Sl 106(107)
Mt 2,34-40

Ofereço meu dia de oração para

SANTO DO DIA
São Pio X

Evangelho do dia

Jesus respondeu: "'Amarás o Senhor teu Deus de todo o teu coração, de toda a tua alma, e de toda tua mente'. Este é o maior e o primeiro mandamento. O segundo é tão importante como o primeiro: 'Amarás a teu próximo como a ti mesmo'".

Mateus 22,37-39

Jesus nos ensina que o amor a Deus e ao próximo são inseparáveis e fundamentais para nossa vida cristã. Amar de todo o coração, alma e mente é responder ao amor divino e refletir esse amor em nossas ações.

PALAVRA DO CORAÇÃO
#próximo

O que Deus me falou hoje?

22

AGO 26 | Sábado

Is 9,1-6
Sl 112(113)
Lc 1,26-38

O PLANO DE DEUS PARA A HUMANIDADE É UM PROPÓSITO DE AMOR

Nossa Senhora Rainha

Ofereço meu dia de oração para

PALAVRA DO CORAÇÃO
#cooperar

Evangelho do dia

Mas o anjo continuou: "Não tenhas medo, Maria! Achaste graça diante de Deus. Conceberás e darás à luz um filho, ao qual porás o nome de Jesus".

Lucas 1,30-31

Maria, ao encontrar graça diante de Deus, aceita com fé o plano divino. A graça de Deus nos alcança a todo momento, convidando-nos a cooperar com seus propósitos. Assim como a Mãe de Jesus, possamos também nós responder com confiança e abertura ao chamado de Deus em nossa vida.

O que Deus me falou hoje?

O AMOR SÓ PODE SER ENTENDIDO OLHANDO E ESCUTANDO A JESUS, SEGUINDO O SEU CAMINHO ATÉ O FIM

23
Domingo | AGO 26

Is 22,19-23
Sl 137(138)
Rm 11,33-36
Mt 16,13-20

Ofereço meu dia de oração para

21º Domingo do Tempo Comum

Evangelho do dia

"Pois, também eu te digo: tu és Pedro e sobre esta pedra edificarei a minha Igreja, e as forças diabólicas não poderão vencê-la. Eu te darei as chaves do Reino dos Céus".

Mateus 16,18-19a

Jesus confiou a Pedro a missão de liderar a sua Igreja, garantindo-lhe proteção e autoridade. Somos chamados a viver e fortalecer a comunidade cristã, sempre firmados na fé. Possamos nós ter a Igreja sempre como nossa casa, em que a verdade e o amor de Cristo prevaleçam.

PALAVRA DO CORAÇÃO
#igreja

O que Deus me falou hoje?

24
AGO 26 Segunda

Ap 21,9b-14
Sl 144(145)
Jo 1,45-51

JESUS CRISTO NOS REVELA O VERDADEIRO ROSTO DO AMOR

SANTO DO DIA
São Bartolomeu

PALAVRA #sinceridade DO CORAÇÃO

Ofereço meu dia de oração para

Evangelho do dia

Jesus viu Natanael que vinha ao seu encontro e disse a seu respeito: "Este é um verdadeiro israelita, no qual não há falsidade". Natanael respondeu: "De onde me conheces?".

João 1,47-48

Jesus vê além das aparências e conhece o coração de cada um. Natanael foi reconhecido por sua sinceridade, mostrando que Deus valoriza a autenticidade. Possamos também nós viver com verdade, sem falsas máscaras, permitindo que o Senhor nos conheça e nos transforme.

O que Deus me falou hoje?

DEUS NÃO QUER FAZER NADA SEM NÓS, ELE ESTÁ SEMPRE CONOSCO

25
Terça | AGO 26
2Ts 2,1-3a.14-17
Sl 95(96)
Mt 23,23-26

Ofereço meu dia de oração para

SANTO DO DIA
São José de Calasanz

Evangelho do dia

"Guias cegos! Coais um mosquito, mas engolis um camelo. Ai de vós, escribas e fariseus hipócritas! Purificais o exterior do copo e do prato, enquanto o interior fica cheio de roubo e intemperança".

Mateus 23,24-25

Jesus nos alerta sobre a hipocrisia de parecer justos por fora enquanto o coração permanece impuro. Não adiantam as aparências, é preciso purificar a alma. Busquemos também nós uma verdadeira conversão, não apenas uma mudança exterior, mas interior.

PALAVRA DO CORAÇÃO
#conversão

O que Deus me falou hoje?

26
AGO 26 Quarta

2Ts 3,6-10.16-18
Sl 127(128)
Mt 23,27-32

SEGUIR A JESUS É CRESCER A CADA DIA EM AMOR, DEDICAÇÃO E CONHECIMENTO

SANTO DO DIA: São Zeferino

PALAVRA DO CORAÇÃO: #justiça

Ofereço meu dia de oração para

Evangelho do dia

"Assim dais testemunho contra vós mesmos, confessando que sois filhos dos assassinos dos profetas! Acabai, então, de encher a medida de vossos pais!"

Mateus 23,31-32

Jesus nos chama à reflexão sobre a nossa responsabilidade em relação aos erros do passado. Não basta reconhecer os erros, é necessário agir para não repetir as mesmas falhas. Sejamos também nós fiéis à verdade e à justiça, sem ignorar as lições da história.

O que Deus me falou hoje?

QUANDO ACEITAMOS O CONVITE DE JESUS, ENCONTRAMOS O VERDADEIRO PROPÓSITO DE NOSSAS VIDAS

27
Quinta | AGO 26

1Cor 1,1-9
Sl 144(145)
Mt 24,42-51

Ofereço meu dia de oração para

SANTO DO DIA
Santa Mônica

Evangelho do dia

"Ficai vigiando, pois não sabeis o dia em que dia o Senhor virá. Mas compreendei bem: se o dono da casa soubesse a que hora da noite viria o ladrão, certamente ficaria vigiando, sem permitir que a casa fosse assaltada. Por isso, também vós estejais preparados!"

Mateus 24,42-44a

PALAVRA DO CORAÇÃO
#vigilância

Jesus nos chama à vigilância constante, pois não sabemos o momento em que ele virá. Estar preparados significa viver com fé e retidão todos os dias, prontos para encontrá-lo a qualquer hora. Possa nossa vida ser um reflexo de atenção e prontidão.

O que Deus me falou hoje?

28
AGO 26 Sexta

1Cor 1,17-25
Sl 32(33)
Mt 25,1-13

SEGUIR JESUS É MAIS DO QUE OUVIR SUAS PALAVRAS; É VIVER COM COERÊNCIA, FAZENDO O QUE ELE NOS ENSINA

Ofereço meu dia de oração para

SANTO DO DIA
Santo Agostinho

PALAVRA DO CORAÇÃO
#preparação

Evangelho do dia

"O Reino dos Céus é comparável a dez virgens que saíram com suas lâmpadas de óleo ao encontro do noivo. Cinco delas eram imprevidentes e cinco previdentes".

Mateus 25,1-2

Jesus nos ensina a importância de estar preparados para o Reino dos Céus, assim como as jovens prudentes que estavam prontas para o noivo. A vigilância e a fé são essenciais para estarmos sempre prontos para o encontro definitivo com Ele.

O que Deus me falou hoje?

JESUS NOS CONVIDA A UMA DECISÃO: ESTAR COM ELE, NÃO APENAS EM PALAVRAS, MAS TAMBÉM NAS AÇÕES

29
Sábado | AGO 26

Jr 1,17-19
Sl 70
Mc 6,17-29

Ofereço meu dia de oração para

SANTO DO DIA
Martírio de São João Batista

Evangelho do dia

"Quero que me dês agora mesmo, num prato, a cabeça de João Batista". O rei ficou muito triste, mas, por causa dos seus repetidos juramentos e dos convidados, não quis faltar à palavra. E o rei ordenou logo a um guarda que trouxesse a cabeça de João.

Marcos 6,25b-27

PALAVRA DO CORAÇÃO
#integridade

O rei, apesar de triste, cedeu à sua promessa e entregou a cabeça de João Batista. Isso nos lembra que devemos ser fiéis a Deus em momentos difíceis, como foi João Batista, e ser cuidadosos com nossas palavras e compromissos. A verdade e a justiça sempre devem guiar nossas ações.

O que Deus me falou hoje?

30

AGO 26 Domingo

Jr 20,7-9
Sl 62(63)
Rm 12,1-2
Mt 16,21-27

A VERDADEIRA VISÃO É AQUELA EM QUE ENXERGAMOS JESUS COMO ELE REALMENTE É, E NÃO COMO PROJETAMOS

Ofereço meu dia de oração para

22º Domingo do Tempo Comum

PALAVRA DO CORAÇÃO
#renúncia

Evangelho do dia

Então Jesus disse aos discípulos: "Se alguém quer me seguir, renuncie a si mesmo, tome a sua cruz e siga-me; pois, quem quiser salvar sua vida vai perdê-la; mas quem perder a vida por amor de mim, vai encontrá-la de novo".

Mateus 16,24-25

Seguir Jesus exige renúncia e entrega. Perder nossa vida por amor a ele é, na verdade, encontrá-la. Pois é no sacrifício que experimentamos a verdadeira liberdade e a vida plena no Reino de Deus.

O que Deus me falou hoje?

31
VIVER COMO JESUS EXIGE UM CORAÇÃO ENTREGUE, QUE AMA E SERVE ATÉ O FIM

Segunda | AGO 26

1Cor 2,1-5
Sl 118(119)
Lc 4,16-30

Ofereço meu dia de oração para

SANTO DO DIA
São Raimundo Nonato

Evangelho do dia

"Porque ele me consagrou com o óleo para levar a Boa-Nova aos pobres. [...] Em verdade eu vos digo: nenhum profeta é bem recebido na sua terra".

Lucas 4,18b.24

PALAVRA #acolhimento DO CORAÇÃO

Jesus foi enviado para anunciar a boa-nova, mas muitos não o acolheram. Assim como o Senhor, somos chamados a levar a mensagem de Deus, mesmo quando enfrentamos dificuldades ou rejeição, confiando que a missão é maior do que a aprovação dos outros.

O que Deus me falou hoje?

Eis o Coração

QUE TANTO AMOU

a humanidade!

setembro

2026
ANO A | MATEUS

oração

Senhor Deus todo-poderoso,
fonte e origem de toda a vida, abençoai
esta água que vamos usar, confiantes para
implorar o perdão dos nossos pecados,
e alcançar a proteção da vossa graça contra
toda doença e cilada do inimigo.
Concedei, ó Deus, que, por vossa misericórdia,
jorrem sempre para nós as águas da salvação
para que possamos nos aproximar de vós com o
coração puro e evitar todo perigo do corpo e da alma.
Por Cristo Nosso Senhor.
Amém.

intenção
de oração do Papa

CUIDADO COM A ÁGUA

Rezemos por uma gestão justa e sustentável
da água, recurso vital, e para que todos tenham
igual acesso a ela.

A VERDADEIRA FÉ COMEÇA QUANDO DECIDIMOS SEGUIR JESUS, SEM MEDOS OU DÚVIDAS

1
Terça | SET 26

1Cor 2,10b-16
Sl 144(145)
Lc 4,31-37

Ofereço meu dia de oração para

SANTO DO DIA
Santa Beatriz da Silva

Evangelho do dia

"Que temos a ver contigo, Jesus de Nazaré? Vieste para a nossa ruína? Eu sei quem tu és: és o Santo de Deus!". Mas Jesus o repreendeu severamente: "Cala-te, e sai deste homem!". Então o demônio jogou o homem no chão diante de todos, e saiu dele, sem lhe fazer nenhum mal.

Lucas 4,34-35

PALAVRA #poder DO CORAÇÃO

No evangelho de hoje, vemos a autoridade de Jesus sobre o mal. Ele, o Santo de Deus, com sua palavra poderosa, liberta e traz paz. Ao reconhecermos seu poder, possamos também nós confiar em sua graça para nos libertar de tudo que nos aprisiona.

O que Deus me falou hoje?

2
SET 26 Quarta

1Cor 3,1-9
Sl 32(33)
Lc 4,38-44

DEUS NÃO FAZ DISTINÇÃO DE PESSOAS PARA DAR SEU AMOR: TUDO O QUE ELE QUER É UM CORAÇÃO ABERTO

SANTO DO DIA
Santa Doroteia

PALAVRA DO CORAÇÃO
#anunciar

Ofereço meu dia de oração para

Evangelho do dia

"É necessário que eu leve a Boa-Nova do Reino de Deus também às outras cidades, pois é para isso que eu fui enviado".

Lucas 4,43

Jesus nos ensina que a missão de anunciar o Reino de Deus é essencial. Ele foi enviado para espalhar a boa-nova. Também nós somos chamados a levar essa mensagem de esperança e salvação a todos. Possa o nosso coração se abrir para cumprir essa missão com alegria e coragem.

O que Deus me falou hoje?

A DECISÃO DE SEGUIR JESUS É UM PASSO DE CONFIANÇA, MESMO DIANTE DAS INCERTEZAS

3
Quinta | SET 26

1Cor 3,18-23
Sl 23(24)
Lc 5,1-11

Ofereço meu dia de oração para

SANTO DO DIA
São Gregório Magno

Evangelho do dia

"Mestre, trabalhamos a noite inteira sem pegar nada. Mas, por causa da tua palavra, vou lançar as redes". Fizeram assim e apanharam tão grande quantidade de peixes que as redes estavam arrebentando.

Lucas, 5,5b-6

PALAVRA DO CORAÇÃO
#impossível

Quando confiamos na palavra de Jesus, até o impossível se torna possível. A fé nos leva a lançar as redes da esperança, e ele nos recompensa com abundância. Assim como os discípulos, possamos também nós confiar plenamente em sua palavra.

O que Deus me falou hoje?

4
SET 26 | Sexta

1Cor 4,1-5
Sl 36(37)
Lc 5,33-39

A VERDADEIRA AMIZADE COM JESUS NASCEU QUANDO DECIDIMOS VIVER COMO ELE VIVEU

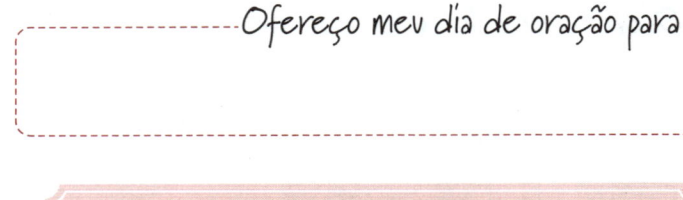

Ofereço meu dia de oração para

SANTO DO DIA
Santa Rosália

PALAVRA DO CORAÇÃO
#novidade

Evangelho do dia

Jesus fez-lhes ainda esta comparação: "Ninguém rasga um pedaço de roupa nova para costurá-lo em uma roupa velha [...]. Além disso, ninguém coloca vinho novo em velhos recipientes; porque o vinho novo os arrebenta, derramando-se".

Lucas 5,36a.37

Jesus nos chama a acolher o novo com o coração renovado. Não podemos viver com mentalidade velha, pois o vinho novo do Evangelho exige uma transformação interior. Possamos também nós estarmos prontos para receber a novidade de Deus em nossas vidas.

O que Deus me falou hoje?

CADA PEQUENA DECISÃO POR CRISTO TEM O PODER DE TRANSFORMAR NOSSA VIDA E O MUNDO AO NOSSO REDOR

5
Sábado | SET 26

1Cor 4,6b-15
Sl 144(145)
Lc 6,1-5

Ofereço meu dia de oração para

SANTO DO DIA
Santa Teresa de Calcutá

Evangelho do dia

Alguns dos fariseus comentaram: "Por que fazeis o que não é permitido em dia de sábado?". Jesus respondeu: [...] "O Filho do homem é senhor do sábado".

Lucas 6,2-3a.5

PALAVRA DO CORAÇÃO
#regras

Jesus nos lembra que ele é Senhor de toda a criação, até mesmo do sábado. Mais do que seguir regras, Jesus nos convida a viver com misericórdia e amor, reconhecendo a verdadeira liberdade que vem dele. Possa nossa fé estar sempre centrada no Senhor e não nas aparências.

O que Deus me falou hoje?

6

SET 26 Domingo

Ez 33,7-9
Sl 94(95)
Rm 13,8-10
Mt 18,15-20

QUANDO NOS DEDICAMOS À ORAÇÃO E À MEDITAÇÃO, SOMOS TRANSFORMADOS PELA PRESENÇA DE CRISTO

Ofereço meu dia de oração para

23º Domingo do Tempo Comum

PALAVRA DO CORAÇÃO
#correção

Evangelho do dia

Jesus disse a seus discípulos: "Se teu irmão pecar contra ti, vai procurá-lo e o repreende a sós. Se te escutar, terás ganho o teu irmão".

Mateus 18,15

Jesus nos ensina a corrigir com amor e em particular, buscando sempre a reconciliação. A verdadeira fraternidade se constrói no respeito e no cuidado mútuos. Possamos também nós, com humildade, restaurar nossos irmãos em Cristo.

O que Deus me falou hoje?

SER DISCÍPULO É PERMANECER EM CRISTO, PERMITINDO QUE ELE VIVA EM NÓS E NOS TRANSFORME

7
Segunda | SET 26
1Cor 5,1-8
Sl 5
Lc 6,6-11

Ofereço meu dia de oração para

SANTO DO DIA
Santa Regina de Alésia

Evangelho do dia
Os mestres da Lei e os fariseus espiavam Jesus, para ver se ia curar em dia de sábado e terem de que acusá-lo.
Lucas 6,7

PALAVRA #priorizar DO CORAÇÃO

Os fariseus estavam presos à lei, enquanto Jesus mostrava que o amor e a misericórdia estão acima das regras. Ele nos ensina a olhar para o próximo com compaixão, sem nos prendermos à rigidez das leis humanas. Possamos também nós sempre priorizar a vida e o bem do outro.

O que Deus me falou hoje?

8

SET 26 | Terça

Mq 5,1-4a ou
Rm 8,28-30
Sl 70(71); Sl 12(13)
Mt 1,1-16.18-23

A VERDADEIRA VIDA NO ESPÍRITO COMEÇA QUANDO FAZEMOS DA PALAVRA DE DEUS NOSSA MORADA DIÁRIA

Ofereço meu dia de oração para

Natividade de Nossa Senhora

PALAVRA #preencher DO CORAÇÃO

Evangelho do dia

O anjo entrou onde ela estava e lhe disse: "Alegra-te, cheia de graça! O Senhor está contigo".

Lucas 1,28

Na anunciação, Deus revela seu amor profundo ao vir morar entre nós. Jesus, o Emanuel, lembra-nos que nunca estamos sozinhos, pois Deus está conosco em cada momento. Possa essa presença nos fortalecer e nos encher de esperança.

O que Deus me falou hoje?

SEGUIR JESUS É DEIXAR AS SEGURANÇAS PARA TRÁS E CONFIAR NO MOVIMENTO DO ESPÍRITO

9
Quarta | SET 26
1Cor 7,25-31
Sl 44(45)
Lc 6,20-26

Ofereço meu dia de oração para

SANTO DO DIA
São Pedro Claver

Evangelho do dia

Jesus olhou para os seus discípulos e disse: "Felizes vós, que sois pobres, porque o Reino de Deus vos pertence!".

Lucas 6,20

Jesus nos revela que o Reino de Deus pertence aos humildes e aos que confiam em sua providência. A verdadeira riqueza está na entrega e na confiança em Deus. Possamos também nós viver com humildade e abrir nosso coração para o Seu Reino.

PALAVRA DO CORAÇÃO
#providência

O que Deus me falou hoje?

10
SET 26 Quinta

1Cor 8,1b-7.11-13
Sl 138(139)
Lc 6,27-38

A VIDA EM CRISTO É UM CONVITE A NASCER DE NOVO, A VIVER EM MOVIMENTO E NA CONFIANÇA

Ofereço meu dia de oração para

SANTO DO DIA
São Nicolau de Tolentino

PALAVRA #misericórdia DO CORAÇÃO

Evangelho do dia

"Sede misericordiosos, como vosso Pai é misericordioso. Não julgueis e não sereis julgados; não condeneis e não sereis condenados; perdoai, e sereis perdoados".

Lucas 6,36-37

Jesus nos chama a viver a misericórdia, assim como o Pai a exerce conosco. Ao perdoarmos e não julgarmos, refletimos o amor divino. Possamos também nós, com coração puro, estender a mão ao outro, como Deus faz conosco.

O que Deus me falou hoje?

NÃO BASTA SABER O CAMINHO, É PRECISO CONFIAR EM JESUS E DEIXAR-SE DIRIGIR

11
Sexta | SET 26

1Cor 9,16-19.22b-27
Sl 83(84)
Lc 6,39-42

Ofereço meu dia de oração para

SANTO DO DIA
São Gabriel Perboyre

Evangelho do dia

Jesus fez uma comparação: "Um cego pode guiar outro cego? Os dois não vão cair num buraco? O discípulo não é mais que o mestre. Mas todo discípulo, quando chegar à perfeição, será como seu mestre".

Lucas 6,39-40

Jesus nos ensina que, para guiarmos os outros, precisamos ser formados por ele. Um discípulo verdadeiro imita o mestre, vivendo com sabedoria e clareza. Seja nossa vida refletida no exemplo de Cristo, nossa verdadeira luz.

PALAVRA #formação DO CORAÇÃO

O que Deus me falou hoje?

12
SET 26 Sábado

1Cor 10,14-22
Sl 115(116)
Lc 6,43-49

ESCUTE O QUE O ESPÍRITO SANTO FALA DENTRO DE VOCÊ E DESCUBRA A VERDADEIRA PAZ E DIREÇÃO

Ofereço meu dia de oração para

SANTO DO DIA
São Guido de Anderlecht

PALAVRA #firmeza DO CORAÇÃO

Evangelho do dia

"Quem vem a mim, ouve as minhas palavras e as põe em prática [...] É parecido com o homem que está construindo uma casa: cavou bem fundo e colocou os alicerces sobre a rocha; venha uma enchente, dê contra a casa, mas não conseguirá abalá-la, porque foi construída com cuidado."

Lucas 6,47b-48

Jesus nos ensina que, ao ouvir suas palavras e vivê-las, nossa vida se torna firme como uma casa sobre a rocha. Mesmo nas adversidades, permanecemos firmes na fé. Possamos também nós construir nossa vida na sólida base de Cristo.

O que Deus me falou hoje?

A VIDA NO ESPÍRITO É UM CONVITE A ACOLHER NOSSOS SENTIMENTOS E DISCERNIR A VOZ DE DEUS

13 — Domingo | SET 26

Eclo 27,33–28,9
Sl 102(103)
Rm 14,7-9
Mt 18,21-35

Ofereço meu dia de oração para

24º Domingo do Tempo Comum

Evangelho do dia

"Então, o Senhor o chamou e disse-lhe: 'Servidor cruel! Eu te perdoei toda a dívida, porque me suplicaste isso. Não devias tu também ter pena do teu companheiro, como eu tive de ti?'. [...] Do mesmo modo também procederá convosco meu Pai celeste, se cada um de vós não perdoar a seu irmão de todo o coração".

Mateus 18,32-33.35

PALAVRA #grandeza DO CORAÇÃO

Jesus nos ensina que o perdão não tem fronteiras, sendo um reflexo do seu amor infinito. Devemos perdoar sempre, como ele nos perdoa. Possa o coração de cada um de nós se abrir à graça do perdão e perdoar sem medida.

O que Deus me falou hoje?

14

SET 26 | Segunda

Nm 21,4b-9 ou
Fl 2,6-11
Sl 77(78)
Jo 3,13-17

A PROXIMIDADE COM O CORAÇÃO DE JESUS TRANSFORMA NOSSA VIDA, CHAMANDO-NOS A UM AMOR RADICAL

Exaltação da Santa Cruz

Ofereço meu dia de oração para

PALAVRA DO CORAÇÃO
#cruz

Evangelho do dia

"Como Moisés ergueu a serpente no deserto, assim o Filho do homem deve ser erguido, para que todo o que crer nele tenha a vida eterna".

João 3,14-15

Assim como a serpente foi levantada no deserto para a cura, Jesus foi elevado na cruz para nos dar a vida eterna. Através de sua entrega, encontramos salvação. Olhemos para a cruz e renovemos nossa fé em Cristo e sua promessa de vida.

O que Deus me falou hoje?

O AMOR DE CRISTO SE REVELA NA CRUZ, ONDE SOMOS CHAMADOS A PERDOAR E A SEGUIR FIELMENTE O ESPÍRITO

15
Terça | SET 26

Hb 5,7-9
Sl 30(31) ou
Lc 2,33-35
Jo 19,25-27

Ofereço meu dia de oração para

SANTO DO DIA
Nossa Senhora das Dores

Evangelho do dia

Perto da cruz de Jesus, estavam sua mãe, a irmã de sua mãe, Maria de Cléofas, e Maria Madalena. E Jesus, vendo sua mãe e perto dela, o discípulo a quem amava, disse à sua mãe: "Mulher, eis aí teu filho!".

João 19,25-26

PALAVRA #dedicação DO CORAÇÃO

Na cruz, Jesus nos revela o vínculo de amor e cuidado. Ao entregar sua mãe ao discípulo, ele nos ensina sobre a fraternidade e a responsabilidade mútua. Possamos também nós seguir a Cristo e ser cuidadores uns dos outros, com amor e dedicação.

O que Deus me falou hoje?

16

SET 26 Quarta

1Cor 12,31–13,13
Sl 32(33)
Lc 7,31-35

PARA CONHECER O VERDADEIRO JESUS, PRECISAMOS ENTRAR NO FUNDO DO SEU CORAÇÃO, ONDE O AMOR SE REVELA

Ofereço meu dia de oração para

SANTO DO DIA
Santos Cornélio e Cipriano

PALAVRA DO CORAÇÃO
#disponibilidade

Evangelho do dia

"Com quem, então, vou comparar os homens desta geração? Com quem são parecidos? São parecidos com aqueles meninos que se sentam nas praças e começam a gritar uns para os outros: 'Tocamos flauta para vós e não dançastes. Entoamos cantos de luto e não chorastes!'"

Lucas 7,31-32

Por meio dessa comparação, Jesus nos chama a ter corações atentos e receptivos à sua palavra. Que não sejamos indiferentes ao chamado de Deus, mas sempre prontos para responder com total disponibilidade.

O que Deus me falou hoje?

O OLHAR PARA A CRUZ É O ÚNICO CAMINHO PARA ENTENDER VERDADEIRAMENTE O AMOR DE CRISTO

17
Quinta | SET 26

1Cor 15,1-11
Sl 117(118)
Lc 7,36-50

Ofereço meu dia de oração para

SANTO DO DIA
São Roberto Belarmino

Evangelho do dia

"Por isso te digo: seus numerosos pecados lhe foram perdoados já que mostrou muito amor. Mas aquele a quem pouco se perdoa, pouco ama."

Lucas 7,47

PALAVRA DO CORAÇÃO
#transbordar

Jesus nos ensina que o perdão gera amor profundo. Quanto mais percebemos o perdão de Deus em nossas vidas, mais nosso coração transborda de gratidão e amor. Possamos também nós, assim como essa mulher, reconhecer a misericórdia divina e amar intensamente.

O que Deus me falou hoje?

18

SET 26 | Sexta

1Cor 15,12-20
Sl 16(17)
Lc 8,1-3

NO CORAÇÃO DE JESUS, ENCONTRAMOS MISERICÓRDIA E ACOLHIMENTO, MESMO COM NOSSAS FALHAS

SANTO DO DIA: São José de Cupertino

PALAVRA DO CORAÇÃO: #generosidade

Ofereço meu dia de oração para

Evangelho do dia

Com Jesus iam os doze e também algumas mulheres: Maria, chamada a Madalena, Joana, Susana e muitas outras, que lhe prestavam ajuda com seus bens.

Lucas 8,2-3

As mulheres que seguiram Jesus nos ensinam sobre generosidade e serviço. Elas contribuíam com seus bens para a missão, mostrando que todos têm um papel no Reino. Possa nossa vida ser também marcada pela entrega e apoio à obra de Deus.

O que Deus me falou hoje?

O AMOR DE CRISTO É TÃO PROFUNDO QUE SE FAZ PRESENTE NAS DORES E ALEGRIAS DO MUNDO

19
Sábado | SET 26
1Cor 15,35-37.42-49
Sl 55(56)
Lc 8,4-15

Ofereço meu dia de oração para

SANTO DO DIA
São Januário

Evangelho do dia

"Enfim, a semente que caiu em terra boa são os que escutam a palavra com coração nobre e generoso, guardam-na e produzem fruto à custa de sua perseverança."

Lucas 8,15

PALAVRA DO CORAÇÃO
#frutos

Jesus nos ensina que a Palavra de Deus floresce em um coração bom e generoso. Ao acolhermos sua mensagem com fé e perseverança, ela gera frutos em nossa vida. Possamos também nós cultivar esse coração disposto a dar frutos para o Reino de Deus.

O que Deus me falou hoje?

20
SET 26 Domingo

Is 55,6-9
Sl 144(145)
Fl 1,20c-24.27a
Mt 20,1-16a

QUANDO NOS APROXIMAMOS DE JESUS, TORNAMO-NOS MAIS SENSÍVEIS AO SOFRIMENTO DOS OUTROS

25º Domingo do Tempo Comum

Ofereço meu dia de oração para

PALAVRA DO CORAÇÃO
#abundância

Evangelho do dia

"Acaso não posso fazer o que quero com as minhas coisas? Ou estás com inveja, porque eu fui bom para com eles? Assim, os últimos serão os primeiros, e os primeiros serão os últimos."

Mateus 20,15-16a

Jesus nos lembra que a bondade de Deus não se mede pelos nossos critérios humanos. Sua generosidade é abundante e surpreende, invertendo as expectativas. Confiemos em sua justiça e vivamos com um coração aberto à sua graça.

O que Deus me falou hoje?

21

Segunda | SET 26

Ef 4,1-7.11-13
Sl 18(19A)
Mt 9,9-13

JESUS ESTÁ PRESENTE NOS QUE SOFREM, E NOSSA MISSÃO É AMÁ-LOS COMO ELE NOS AMA

Ofereço meu dia de oração para

SANTO DO DIA: São Mateus

Evangelho do dia

Jesus viu um homem sentado junto ao posto da alfândega, chamado Mateus. E lhe disse: "Segue-me!". Levantando-se, ele começou a segui-lo.

Mateus 9,9

PALAVRA #transformar DO CORAÇÃO

Jesus chama Mateus, um homem desprezado pelo povo, para lhe seguir e, com isso, transforma sua vida. O Senhor nos convida, também a nós, para deixarmos de lado tudo o que nos impede de seguir sua voz. Assim como Mateus, possamos também nós responder ao chamado de Cristo com confiança e renovação.

O que Deus me falou hoje?

22

SET 26 Terça

Pr 21,1-6.10-13
Sl 118(119),1.27.30.34.
35.44 (R. 35a)
Lc 8,19-21

A VERDADEIRA PROXIMIDADE COM JESUS NOS TRANSFORMA EM AGENTES DE SUA MISERICÓRDIA NO MUNDO

Ofereço meu dia de oração para

SANTO DO DIA
São Maurício e companheiros Mártires

PALAVRA DO CORAÇÃO
#família

Evangelho do dia

Jesus respondeu: "Minha mãe e meus irmãos são os que ouvem a Palavra de Deus e a põem em prática".

Lucas 8,21

Jesus nos ensina que a verdadeira família é formada por aqueles que ouvem e praticam a Palavra de Deus. Não se trata de laços de sangue, mas de viver a vontade do Pai. Façamos parte, com ações concretas, dessa família de fé.

O que Deus me falou hoje?

NO CORAÇÃO DE JESUS, RENOVO MEU AMOR E MINHA MISSÃO DE SEGUIR SUA PALAVRA

23
Quarta | SET 26

Pr 30,5-9
Sl 118(119)
Lc 9,1-6

Ofereço meu dia de oração para

SANTO DO DIA
São Pio de Pietrelcina

Evangelho do dia

Convocando os Doze, Jesus deu-lhes poder e autoridade sobre os demônios, assim como poder de curar as doenças. E os enviou a proclamar o Reino de Deus e a curar os doentes.

Lucas 9,1-2

Jesus nos confia a missão de anunciar o Reino de Deus e curar com seu poder. Ele nos dá autoridade para transformar vidas e trazer cura. Ao respondermos o chamado do Senhor, sejamos instrumentos de sua misericórdia e amor.

PALAVRA DO CORAÇÃO
#autoridade

O que Deus me falou hoje?

24
SET 26 Quinta

Ecl 1,2-11
Sl 89(90)
Lc 9,7-9

O CORAÇÃO DE JESUS NOS CHAMA A ESTAR PRESENTES NA DOR DO OUTRO, COM COMPAIXÃO E AÇÃO

SANTO DO DIA: São Geraldo da Hungria

Ofereço meu dia de oração para

PALAVRA #mistério DO CORAÇÃO

Evangelho do dia

Mas Herodes disse: "Será João? Eu o decapitei! Então, quem é esse de quem ouço dizer essas coisas?". E queria ver Jesus.

Lucas 9,9

Herodes, tomado pela curiosidade, busca entender quem é Jesus. A verdadeira compreensão de Cristo só vem pela fé e pelo encontro pessoal com o Senhor. Possamos também nós desejar conhecer mais profundamente o mistério de Jesus em nossas vidas.

O que Deus me falou hoje?

A VERDADEIRA RESPOSTA AO SOFRIMENTO HUMANO É CONSIDERAR A PRESENÇA DE DEUS EM CADA UM DE NÓS

25
Sexta | SET 26

Ecl 3,1-11
Sl 143(144)
Lc 9,18-22

Ofereço meu dia de oração para

SANTO DO DIA
Santas Aurélia e Neomísia

Evangelho do dia

Jesus perguntou-lhes: "Quem sou eu no dizer do povo?". Eles responderam: "Para uns João Batista; para outros, Elias ou algum dos antigos profetas ressuscitado".

Lucas 9,18b-19

Jesus nos desafia a refletir sobre quem ele é para nós. A resposta verdadeira vem do coração, reconhecendo-o como o Cristo, o Filho de Deus. Ao conhecermos Jesus, possamos também nós afirmar com fé: "Tu és o Senhor da nossa vida!".

PALAVRA DO CORAÇÃO
#reconhecer

O que Deus me falou hoje?

26

SET 26 Sábado

Ecl 11,9–12,8
Sl 89(90)
Lc 9,43b-45

O AMOR DE CRISTO NOS CONDUZ A UMA VIDA DE DOAÇÃO

Ofereço meu dia de oração para

SANTO DO DIA
Santos Cosme e Damião

PALAVRA
#revelação
DO CORAÇÃO

Evangelho do dia

Jesus disse a seus discípulos: "Gravai bem estas palavras: em breve o Filho do homem vai ser entregue nas mãos dos homens". Mas os discípulos não compreendiam nada.

Lucas 9,44-45a

Jesus nos alerta sobre sua entrega, um mistério que, muitas vezes, não compreendemos totalmente. Mesmo sem entender, devemos confiar em sua missão de salvação. Possamos também nós abrir nossos corações para a revelação do seu amor redentor.

O que Deus me falou hoje?

27
Domingo | SET 26

NA EUCARISTIA, ENCONTRAMOS O CAMINHO PARA A UNIÃO PLENA COM DEUS

Ez 18,25-28
Sl 24
Fl 2,1-11
Mt 21,28-32

Ofereço meu dia de oração para

26º Domingo do Tempo Comum

Evangelho do dia

Então Jesus lhes disse: "Em verdade vos digo, os tão desprezados cobradores de impostos e as prostitutas vos precedem no Reino de Deus".

Mateus 21,31b

PALAVRA #misericórdia DO CORAÇÃO

Jesus nos ensina que o Reino de Deus é acessível a todos, independentemente de nosso passado. A misericórdia divina transforma vidas, e aqueles que se arrependem encontram perdão. Confiemos sempre no amor de Deus, que acolhe a todos.

O que Deus me falou hoje?

28
SET 26 Segunda

Jó 1,6-22
Sl 16(17)
Lc 9,46-50

O AMOR DE JESUS É INFINITO: É A NOSSA FONTE DE INSPIRAÇÃO PARA VIVÊ-LO EM CADA ATO DE NOSSAS VIDAS

Ofereço meu dia de oração para

SANTO DO DIA: São Venceslau

PALAVRA DO CORAÇÃO: #dignidade

Evangelho do dia

"Quem acolhe este menino em meu nome, é a mim que acolhe; e quem me acolhe, acolhe aquele que me enviou; porque o menor entre vós, ele é que é o maior."

Lucas 9,48

Jesus nos ensina que a verdadeira grandeza está em servir com humildade. Receber o pequeno é acolher o próprio Cristo, que se fez humilde por nós. Possamos também nós viver a missão de servir, reconhecendo a dignidade de cada pessoa.

O que Deus me falou hoje?

VIVER PARA CRISTO É ACOLHER SEU CORPO E SANGUE COM FÉ E GRATIDÃO

29
Terça | SET 26

Dn 7,9-10.13-14 ou
Ap 12,7-12a
Sl 137(138)
Jo 1,47-51

Ofereço meu dia de oração para

SANTO DO DIA
Arcanjos Miguel, Gabriel e Rafael

Evangelho do dia

Disse Jesus: "Em verdade, em verdade, eu vos digo: Vereis o céu aberto e os anjos de Deus subindo e descendo sobre o Filho do homem".

João 1,51

PALAVRA #mensageiro DO CORAÇÃO

Jesus nos revela que, por meio dele, o céu se abre para nós. Ele é o ponto de encontro entre o céu e a terra, onde a salvação se realiza. Assim como os anjos, servidores fiéis de Deus, possamos também nós, mediante a graça da fé, ver a presença de Deus em cada momento de nossas vidas.

O que Deus me falou hoje?

30

SET 26 Quarta

Jó 9,1-12.14-16
Sl 87(88)
Lc 9,57-62

AO TOMAR A EUCARISTIA, RECEBEMOS TAMBÉM O ESPÍRITO SANTO QUE NOS RENOVA

SANTO DO DIA: São Jerônimo

PALAVRA #compromisso DO CORAÇÃO

Ofereço meu dia de oração para

Evangelho do dia

Alguém disse a Jesus: "Vou te seguir, Senhor, mas deixa que eu vá primeiro me despedir da família". Jesus lhe respondeu: "Quem põe a mão no arado e olha para trás, não é apto para o Reino de Deus".

Lucas 9,61-62

Jesus nos chama a um seguimento sem hesitações, sem olhar para o passado. A verdadeira vocação exige entrega total, confiando plenamente em seu plano de amor. Sigamos o Senhor com determinação, sem voltar atrás, no caminho do Reino de Deus!

O que Deus me falou hoje?

outubro

2026
ANO A | MATEUS

oração

Senhor Jesus Cristo,
sempre fostes ao encontro dos enfermos
com uma palavra de esperança e um gesto de amor.
Ao nascer da Virgem Maria, assumistes nossa
condição humana e experimentastes a nossa dor.
Senhor, nossos doentes necessitam ser curados
no corpo e no espírito.
Pela fé, sabemos que nenhuma doença é maior do que a vida.
Por isso, que todos os doentes, sustentados pelo vosso amor,
não deixem que a dor lhes roube o significado da vida.
Confortai-os com vosso poder, renovai-lhes o ânimo e a esperança,
para que possam superar todos seus males.
Abençoai também as pessoas que têm a missão de cuidar dos doentes;
que tenham paciência, caridade e compaixão.
Vós, que sois Deus, com o Pai e o Espírito Santo.
Amém!

intenção
de oração do Papa

PASTORAL DA SAÚDE MENTAL

Rezemos para que a pastoral da saúde mental
seja implantada em toda a Igreja, ajudando
a superar o estigma e a discriminação contra
as pessoas com doenças mentais.

1

Quinta | OUT 26

Jó 19,21-27
Sl 26(27)
Lc 10,1-12

O SACRIFÍCIO DE CRISTO NOS ENSINA A DOAÇÃO SEM MEDIDAS

Ofereço meu dia de oração para

SANTO DO DIA
Santa Teresinha do Menino Jesus

Evangelho do dia

"Ide! Eu vos envio como cordeiros no meio de lobos. Não leveis bolsa, nem sacola, nem sandálias; e não saudeis ninguém pelo caminho! Em qualquer casa onde entrardes, dizei primeiro: 'Paz a esta casa!'"

Lucas 10,3-5

PALAVRA DO CORAÇÃO
#simplicidade

Jesus nos envia com simplicidade e confiança. Nossa missão principal é levar a paz. Mesmo em meio a dificuldades, nossa tarefa é anunciar o Reino de Deus, começando com a paz. Sejamos instrumentos de paz e transformação onde quer que estejamos.

O que Deus me falou hoje?

2

OUT 26 Sexta

Ex 23,20-23
Sl 90(91)
Mt 18,1–5.10

A CADA MANHÃ, A ORAÇÃO DE OFERECIMENTO É O NOSSO "AQUI ESTOU!": ESTAMOS PRONTOS PARA SERVIR AO SENHOR

SANTO DO DIA
Santos Anjos da Guarda

PALAVRA DO CORAÇÃO
#singeleza

Ofereço meu dia de oração para

Evangelho do dia

"Quem acolher um menino como este em meu nome, é a mim que acolherá. [...] Cuidado! Não desprezeis um só destes pequeninos! Porque eu vos digo que os seus anjos, no céu, contemplam sem cessar a face de meu Pai que está nos céus".

Mateus 18,5.10

Jesus nos ensina que acolher uma criança é acolher o próprio Cristo. Todo pequenino tem grande valor diante de Deus, que atribui a cada um, um anjo protetor. Possamos cuidar com amor e respeito dos mais vulneráveis, e invoquemos sempre o auxílio e proteção de nossos anjos da guarda.

O que Deus me falou hoje?

OFERECER MINHA VIDA AO SERVIÇO DO REINO DE DEUS É ACOLHER O AMOR GRATUITO DE DEUS

3
Sábado | OUT 26

Jó 42,1-3.5-6.12-16
Sl 118(119)
Lc 10,17-24

Ofereço meu dia de oração para

Evangelho do dia

"Não vos alegreis porque os espíritos se submetem a vós, mas alegrai-vos porque vossos nomes estão escritos no céu."
Lucas 10,20

SANTO DO DIA
Santo André Soveral e comp. Mártires

PALAVRA DO CORAÇÃO
#salvação

Jesus nos lembra que nossa verdadeira alegria deve estar no fato de sermos reconhecidos por Deus, e não em nossos feitos ou poderes. O que nos traz felicidade é saber que nossos nomes estão escritos no céu. Possa nossa alegria vir da certeza do amor e da salvação de Deus.

O que Deus me falou hoje?

4

OUT 26 Domingo

Is 5,1-7
Sl 79(80)
Fl 4,6-9
Mt 21,33-43

JESUS NOS CHAMA PARA PARTICIPAR DA SUA MISSÃO DE AMOR, LEVANDO LUZ AO MUNDO

Ofereço meu dia de oração para

27º Domingo do Tempo Comum

PALAVRA #cultivar DO CORAÇÃO

Evangelho do dia

"Escutai esta outra parábola: havia um patrão, que plantou a vinha. Rodeou-a com uma cerca, cavou nela um lagar e construiu uma torre. Arrendou-a, depois, a uns lavradores e partiu de viagem."

Mateus 21,33

Na parábola da vinha, Jesus nos ensina sobre a responsabilidade que temos no cuidado da obra de Deus. Ele nos confiou o seu Reino e espera que o cultivemos com fidelidade e gratidão. Sejamos bons trabalhadores na vinha do Senhor!

O que Deus me falou hoje?

5

Segunda | OUT 26

A VERDADEIRA FELICIDADE VEM DA ENTREGA TOTAL, COMO CRISTO FEZ POR NÓS

Gl 1,6-12
Sl 110(111)
Lc 10,25-37

Ofereço meu dia de oração para

SANTO DO DIA: São Benedito

Evangelho do dia

"Qual dos três parece ter sido o próximo daquele que caiu nas mãos dos assaltantes?". Ele respondeu: "O que teve misericórdia dele". E Jesus lhe disse: "Vai e faze o mesmo".

Lucas 10,36-37

PALAVRA DO CORAÇÃO: #próximo

Jesus nos chama a agir com misericórdia, vendo no outro a oportunidade de praticar o amor. O verdadeiro próximo é aquele que se dispõe a ajudar sem esperar nada em troca. Vivamos a misericórdia de Cristo em nossas ações diárias.

O que Deus me falou hoje?

6

OUT 26 | Terça

Gl 1,13-24
Sl 138(139)
Lc 10,38-42

A OFERTA DE NOSSA VIDA A CRISTO É O PRIMEIRO PASSO PARA UM NOVO MUNDO EM GESTAÇÃO

SANTO DO DIA
São Bruno

PALAVRA DO CORAÇÃO
#atenção

Ofereço meu dia de oração para

Evangelho do dia

Jesus, estando em viagem, entrou num povoado, e uma mulher, que se chamava Marta, hospedou-o em sua casa. Sua irmã, chamada Maria, sentou-se aos pés do Senhor, e escutava a sua palavra.

Lucas 10,38-39

Marta nos mostra a hospitalidade, mas Maria nos ensina a importância de parar e ouvir a palavra de Jesus. Em meio à correria da vida, precisamos, nós também, "sentar" aos pés do Senhor e ouvir o que ele tem a nos dizer.

O que Deus me falou hoje?

COM CRISTO, CADA MANHÃ É UMA OPORTUNIDADE DE RESPONDER AO CHAMADO DO AMOR DIVINO

7
Quarta | OUT 26

At 1,12-14
Cânt.: Lc 1,46-55
Lc 1,26-38

Ofereço meu dia de oração para

SANTO DO DIA
Nossa Senhora do Rosário

Evangelho do dia

Mas o anjo continuou: "Não tenhas medo, Maria! Achaste graça diante de Deus. Conceberás e darás à luz um filho, ao qual porás o nome de Jesus. Ele será grande e será chamado Filho do Altíssimo".

Lucas 1,30-32a

PALAVRA DO CORAÇÃO
#plano

Maria encontrou graça diante de Deus e, por sua fé, trouxe ao mundo o Salvador. Assim como ela, somos chamados a confiar no plano divino, sem medo. Possamos também nós, ao ouvirmos a palavra de Deus, sempre responder com coragem e fé.

O que Deus me falou hoje?

8

OUT 26 Quinta

Gl 3,1-5
Lc 1,69-75
Lc 11,5-13

ENTRAR NO CAMINHO DE JESUS É AMAR COMO ELE AMOU, MESMO DIANTE DOS DESAFIOS

Ofereço meu dia de oração para

SANTO DO DIA
Santa Pelágia

PALAVRA DO CORAÇÃO
#ousadia

Evangelho do dia

"Por isso, eu vos digo: pedi e vos será dado; buscai e achareis; batei à porta e ela vos será aberta. Porque quem pede recebe; quem busca acha; e, a quem bate, a porta será aberta."

Lucas 11,9-10

Jesus nos ensina a pedir com confiança, buscar com perseverança e bater com fé. Deus está sempre disposto a nos ouvir e a responder. Aproximemo-nos dele em oração, certos de que ele nos atenderá.

O que Deus me falou hoje?

O ESPÍRITO SANTO NOS FORTALECE NO COMBATE ESPIRITUAL, GUIANDO-NOS PARA ESCOLHER A VIDA

9
Sexta | OUT 26

Gl 3,7-14
Sl 110(111)
Lc 11,15-26

Ofereço meu dia de oração para

SANTO DO DIA
São Dionísio e comp. Mártires

Evangelho do dia

"Mas se é pelo dedo de Deus que expulso os demônios, então chegou para vós o Reino de Deus. Quando um homem forte e bem armado guarda o seu palácio, os seus bens estão seguros."

Lucas 11,20-21

Jesus revela que, ao expulsar os demônios, ele manifesta o Reino de Deus entre nós. Com o poder de Deus, somos protegidos e guardados. Experimentemos a segurança e a paz do seu Reino em nossas vidas.

PALAVRA DO CORAÇÃO
#proteção

O que Deus me falou hoje?

10

OUT 26 | Sábado

Gl 3,22-29
Sl 104(105)
Lc 11,27-28

A BUSCA POR DEUS FAZ PARTE DA NOSSA ESSÊNCIA MAIS PROFUNDA

SANTO DO DIA
São Francisco de Borja

PALAVRA DO CORAÇÃO
#vontade

Ofereço meu dia de oração para

Evangelho do dia

"Feliz o seio que te trouxe e os peitos que te amamentaram". Jesus respondeu: "Mais felizes são os que ouvem a palavra de Deus e a praticam".

Lucas 11,27b-28

Jesus nos ensina que a verdadeira felicidade não está apenas na carne e no sangue, mas em ouvir e praticar a Palavra de Deus. A bênção de Deus se torna realidade em nossa vida quando vivemos conforme sua vontade.

O que Deus me falou hoje?

11

Domingo | OUT 26

Is 25,6-10a
Sl 22(23)
Fl 4,12-14.19-20
Mt 22,1-14

O SER HUMANO É ALGUÉM QUE CRÊ, BUSCANDO ALGO ALÉM DE SI MESMO

Ofereço meu dia de oração para

28º Domingo do Tempo Comum

Evangelho do dia

"O banquete está pronto, mas os convidados não se mostraram dignos. Ide, então, às saídas das estradas e convidai para o banquete a quantos encontrardes".

Mateus 22,8b-9

PALAVRA DO CORAÇÃO
#festejar

Jesus nos convida para a festa do Reino de Deus, um banquete de graça e salvação. O convite é aberto a todos, especialmente aos que estão afastados.

O que Deus me falou hoje?

12

OUT 26 Segunda

Est 5,1b-2; 7,2b-3
Sl 44(45)
Ap 12,1.5.13a.15-16a
Jo 2,1-11

SOMOS CONVIDADOS A VIVER COM HUMILDADE, SABENDO QUE, MESMO COM O MAPA, NÃO SOMOS DONOS DO TESOURO

SANTO DO DIA
Nossa Senhora Aparecida

PALAVRA DO CORAÇÃO
#sinal

Ofereço meu dia de oração para

Evangelho do dia

A mãe de Jesus lhe disse: "Eles não têm mais vinho". Jesus respondeu-lhe: "Mulher, que relação há entre mim e ti? Minha hora ainda não chegou". Sua mãe disse aos serventes: "Fazei o que ele vos mandar".

João 2,3b-5

Maria nos ensina a confiar plenamente em Jesus, pedindo e, sobretudo, fazendo o que ele nos diz. Mesmo quando não compreendemos, a obediência à sua palavra transforma a nossa vida.

O que Deus me falou hoje?

A ESPIRITUALIDADE É UMA JORNADA ETERNA, COMPARTILHADA POR TODA A HUMANIDADE

13
Terça | OUT 26
Gl 5,1-6
Sl 118(119)
Lc 11,37-41

Ofereço meu dia de oração para

SANTO DO DIA
Santo Eduardo

Evangelho do dia
"Insensatos! Aquele que fez o exterior não fez também o interior? Antes, dai de esmola o que houver dentro dos copos e dos pratos e todas as coisas serão puras para vós."
Lucas 11,40-41

Jesus nos ensina que a verdadeira pureza vem do coração, não apenas das aparências. Ao praticarmos a generosidade e a justiça, nosso interior se torna puro diante de Deus.

PALAVRA DO CORAÇÃO
#pureza

O que Deus me falou hoje?

14
OUT 26 Quarta

Gl 5,18-25
Sl 1
Lc 11,42-46

ÀS VEZES, É PRECISO DESACELERAR PARA RECONHECER A LUZ QUE BRILHA AO NOSSO REDOR

SANTO DO DIA: São Calisto

PALAVRA DO CORAÇÃO: #saber

Ofereço meu dia de oração para

Evangelho do dia

"Ai de vós, fariseus, porque gostais do lugar de honra nas sinagogas, e de serdes cumprimentados nas praças públicas. Ai de vós, porque sois como túmulos que não se veem, sobre os quais os homens andam sem saber."

Lucas 11,43-44

Jesus nos alerta contra a busca de honra e reconhecimento externos. A verdadeira grandeza está na humildade e na sinceridade do coração. Vivamos com humildade, buscando agradar a Deus e não aos homens.

O que Deus me falou hoje?

15

Quinta | OUT 26

Ef 1,1-10
Sl 97(98)
Lc 11,47-54

MESMO NO SILÊNCIO DA MADRUGADA, A PAZ IRRADIA EM QUEM TEM O CORAÇÃO ABERTO

Ofereço meu dia de oração para

SANTO DO DIA
Santa Teresa d'Ávila

Evangelho do dia

"Vou lhes mandar profetas e apóstolos, matarão a uns e perseguirão a outros. Por conseguinte, a esta geração se pedirá conta do sangue de todos os profetas, que foi derramado desde o começo do mundo. Desde o sangue de Abel até o sangue de Zacarias."

Lucas 11,49b-51a

PALAVRA DO CORAÇÃO
#desafios

Jesus nos lembra que, ao seguir a Deus, enfrentamos perseguições e desafios, como os profetas e apóstolos. A fidelidade à missão de anunciar o Reino pode exigir sacrifícios, mas é por meio dela que a verdade será revelada.

O que Deus me falou hoje?

16
OUT 26 | Sexta
Ef 1,11-14
Sl 32(33)
Lc 12,1-7

A VERDADEIRA ESTRELA NÃO BRILHA NO ALTO, MAS NO ÍNTIMO DE QUEM BUSCA COM FÉ

SANTO DO DIA
Santa Margarida Maria Alacoque

PALAVRA DO CORAÇÃO
#detalhes

Ofereço meu dia de oração para

Evangelho do dia
"Até os cabelos de vossas cabeças estão contados. Então não tenhais medo: valeis mais do que muitos pardais."
Lucas 12,7

Jesus nos ensina que Deus cuida de nós com amor e atenção, até nos menores detalhes. Não precisamos temer, pois para ele somos valiosos.

O que Deus me falou hoje?

EM MEIO ÀS PREOCUPAÇÕES DO MUNDO, ENCONTRAMOS O REI NA SIMPLICIDADE

17
Sábado | OUT 26
Ef 1,15-23
Sl 8
Lc 12,8-12

Ofereço meu dia de oração para

SANTO DO DIA
Santo Inácio de Antioquia

Evangelho do dia

"Quando vos levarem às sinagogas, perante os magistrados e as autoridades, não vos preocupeis com a maneira de vos defender, nem com o que deveis dizer; porque o Espírito Santo vos ensinará, naquela hora, o que deveis dizer."

Lucas 12,11-12

PALAVRA DO CORAÇÃO
#agir

Jesus nos ensina a confiar no Espírito Santo, que nos guia e fortalece nos momentos de dificuldades. Quando enfrentarmos desafios, ele nos dará as palavras e a sabedoria necessárias.

O que Deus me falou hoje?

18

OUT 26 Domingo

Is 45,1.4-6
Sl 95(96)
1Ts 1,1-5b
Mt 22,15-21

É NO MOVIMENTO SILENCIOSO DA VIDA QUE SE REVELA O MAIS PROFUNDO BRILHO DA ESPERANÇA

Ofereço meu dia de oração para

29º Domingo do Tempo Comum

PALAVRA DO CORAÇÃO
#equilíbrio

Evangelho do dia

Jesus perguntou-lhes: "De quem é esta imagem e inscrição?". Responderam-lhe: "De César". Ao que ele lhes disse: "Dai, pois, a César o que é de César, e a Deus o que é de Deus".

Mateus 22,20-21

Jesus nos ensina a equilibrar nossas responsabilidades terrenas e espirituais. Devemos cumprir nossos deveres com o mundo, mas, acima de tudo, dar a Deus o que é dele: a nossa vida.

O que Deus me falou hoje?

O CAMINHO DA FÉ, MUITAS VEZES, É ILUMINADO PELA LUZ QUE SÓ O CORAÇÃO SABE VER

19
Segunda OUT 26

Ef 2,1-10
Sl 99(100)
Lc 12,13-21

Ofereço meu dia de oração para

SANTO DO DIA
São Paulo da Cruz

Evangelho do dia

"'Nesta mesma noite, tua vida te será tomada! E para quem ficará o que ajuntaste?'. Assim acontece com quem ajunta riqueza para si, em vez de enriquecer diante de Deus."

Lucas 12,20b-21

Jesus nos alerta sobre a ilusão das riquezas terrenas, que são passageiras. A verdadeira riqueza é ser rico diante de Deus, acumulando tesouros eternos no coração. Valorizemos o que realmente importa: nossa relação com Deus e o bem ao próximo.

PALAVRA DO CORAÇÃO
#riqueza

O que Deus me falou hoje?

20
OUT 26 Terça

Ef 2,12-22
Sl 84(85)
Lc 12,35-38

EM CADA GESTO DE CUIDADO, ENCONTRAMOS O REFLEXO DA PAZ QUE BUSCAMOS

Ofereço meu dia de oração para

SANTO DO DIA
Santa Maria Bertilla

PALAVRA DO CORAÇÃO
#vigilância

Evangelho do dia

"Estai preparados: com a roupa bem presa na cintura e com as lâmpadas acesas. Sede parecidos aos que esperam o seu patrão voltar do casamento para abrir-lhe a porta logo que ele chegar e bater".

Lucas 12,35-36

Jesus nos chama a viver em constante vigilância, prontos para acolher seu retorno. Como servos atentos, devemos manter nossos corações preparados, com fé e esperança.

O que Deus me falou hoje?

ÀS VEZES, A VERDADE ESTÁ EM LUGARES INESPERADOS, AONDE A LUZ DO AMOR NOS GUIA

21
Quarta | OUT 26

Ef 3,2-12
Is 12,2-6
Lc 12,39-48

Ofereço meu dia de oração para

SANTO DO DIA
Santa Úrsula

Evangelho do dia

"A quem muito foi dado, muito será pedido; a quem muito se confiou, dele muito será exigido!".

Lucas 12,48b

Jesus nos ensina que, quanto mais Deus nos confia, maior é nossa responsabilidade. Devemos usar nossos dons e talentos para servir ao seu Reino com fidelidade.

PALAVRA DO CORAÇÃO
#talentos

O que Deus me falou hoje?

22

OUT 26 Quinta

Ef 3,14-21
Sl 32(33)
Lc 12,49-53

A VERDADEIRA RIQUEZA ESTÁ EM SE APROXIMAR COM HUMILDADE E RECONHECER A PAZ EM CADA ENCONTRO

Ofereço meu dia de oração para

SANTO DO DIA
São João Paulo II

PALAVRA DO CORAÇÃO
#acender

Evangelho do dia

Disse Jesus a seus discípulos: "Eu vim trazer fogo à terra, e como gostaria que já estivesse aceso! Há um batismo que eu devo receber e como estou ansioso para que ele se realize!"

Lucas 12,49-50

Jesus veio para acender o fogo da transformação em nossos corações, um fogo que nos purifica e nos guia. Ele anseia que esse fogo já esteja em nós, levando-nos à conversão.

O que Deus me falou hoje?

O MAIOR PRESENTE QUE PODEMOS OFERECER É A NOSSA VIDA, COM AMOR E HUMILDADE

23
Sexta OUT 26
Ef 4,1-6
Sl 23(24)
Lc 12,54-59

Ofereço meu dia de oração para

SANTO DO DIA
São João de Capistrano

Evangelho do dia

"Sabeis como interpretar o aspecto da terra e do céu. Como é que não sabeis interpretar o tempo presente? E por que não julgais por vós mesmos o que é justo?"

Lucas 12,56-57

PALAVRA DO CORAÇÃO
#justiça

Jesus nos chama a discernir os sinais do tempo presente e agir com sabedoria. Devemos ser capazes de reconhecer o que é justo e viver de acordo com a vontade de Deus.

O que Deus me falou hoje?

24

OUT 26 | Sábado

Ef 4,7-16
Sl 121(122)
Lc 13,1-9

NO CORAÇÃO DE UMA MÃE, A PAZ DO MUNDO INTEIRO SE ENCONTRA

Ofereço meu dia de oração para

SANTO DO DIA
Beata Benigna Cardoso

PALAVRA DO CORAÇÃO
#urgência

Evangelho do dia

"Se vós não vos converterdes, morrereis todos do mesmo modo. [...] 'Senhor, deixa a figueira por este ano. Enquanto isso, eu vou cavar em volta dela e colocar adubo. Talvez ela dê fruto depois... Do contrário, a cortarás.'"

Lucas 13,3.8-9

Jesus nos alerta sobre a necessidade urgente de conversão. Assim como a figueira precisa ser cuidada para dar frutos, devemos alimentar nossa fé com os sacramentos e as boas ações.

O que Deus me falou hoje?

25
Domingo | OUT 26

A VERDADEIRA REALEZA ESTÁ NA CAPACIDADE DE AMAR E SERVIR

Ex 22,20-26
Sl 17(18)
1Ts 1,5c-10
Mt 22,34-40

Ofereço meu dia de oração para

30º Domingo do Tempo Comum

Evangelho do dia

"Amarás o Senhor teu Deus de todo o teu coração, de toda a tua alma, e de toda a tua mente. Amarás a teu próximo como a ti mesmo. Nestes dois mandamentos se resume a Lei e os profetas."

Mateus 22,37.40

PALAVRA #fundamental DO CORAÇÃO

Jesus nos ensina que o amor a Deus e ao próximo é o fundamento de toda a Lei. Amar com todo o coração e entender o outro como a nós mesmos transforma o mundo ao nosso redor.

O que Deus me falou hoje?

26

OUT 26 Segunda

Ef 4,32-5,8
Sl 1
Lc 13,10-17

MESMO NO SILÊNCIO, A PRESENÇA DE DEUS É UM MISTÉRIO QUE NOS ENVOLVE

SANTO DO DIA: Santo Evaristo

PALAVRA DO CORAÇÃO: #libertar

Ofereço meu dia de oração para

Evangelho do dia

Disse Jesus: "E esta filha de Abraão, que Satanás manteve ligada dezoito anos, não deveria ficar livre desta prisão no sábado?". Diante do que ele dizia, todos os seus adversários ficaram envergonhados.

Lucas 13,16-17a

Jesus nos mostra que a verdadeira liberdade vem dele, e não há dia mais apropriado para libertação do que o dia em que o Senhor nos chama.

O que Deus me falou hoje?

27

Terça | OUT 26

Ef 5,21-33
Sl 127(128)
Lc 13,18-21

NA SERENIDADE DE UMA CRIANÇA, ENCONTRAMOS O MAIOR DOS MILAGRES

Ofereço meu dia de oração para

SANTO DO DIA: São Frumêncio

Evangelho do dia

"O Reino de Deus é parecido com o grão de mostarda que um homem toma e lança na sua horta; ele cresce, faz-se árvore, e as aves do céu vêm pousar em seus ramos."

Lucas 13,19

PALAVRA DO CORAÇÃO #semente

O Reino de Deus começa pequeno, como o grão de mostarda, mas cresce de maneira surpreendente. Nossa fé, mesmo pequena, pode gerar frutos abundantes e transformar vidas, acolhendo a todos em seus ramos.

O que Deus me falou hoje?

28
OUT 26 Quarta

Ef 2,19-22
Sl 18(19A)
Lc 6,12-19

O FILHO, COM MISERICÓRDIA E COMPAIXÃO, ENSINA-NOS A VIVER O VERDADEIRO AMOR

Ofereço meu dia de oração para

SANTO DO DIA
Santos Simão e Judas, Apóstolos

PALAVRA DO CORAÇÃO
#oração

Evangelho do dia

Jesus foi à montanha para rezar. E passou toda a noite em oração a Deus. Quando amanheceu, convocou seus discípulos e escolheu doze deles, aos quais deu o nome de apóstolos.

Lucas 6,12-13

Antes de tomar decisões importantes, Jesus se retira em oração. Esse exemplo nos ensina que, em momentos decisivos, devemos buscar a orientação de Deus.

O que Deus me falou hoje?

DEUS SEMPRE NOS CHAMA PARA O SEU PROJETO DE AMOR, DESDE O PRINCÍPIO

29
Quinta | OUT 26

Ef 6,10-20
Sl 143(144)
Lc 13,31-35

Ofereço meu dia de oração para

SANTO DO DIA
São Narciso

Evangelho do dia

"Devo continuar meu caminho hoje, amanhã e no dia seguinte, porque não convém que um profeta morra fora de Jerusalém."

Lucas 13,33

Jesus sabia que sua missão o levaria até Jerusalém, onde cumpriria o plano divino. Ele nos ensina a perseverar, mesmo diante das dificuldades, cumprindo nossa missão com coragem e confiança em Deus.

PALAVRA DO CORAÇÃO
#perseverar

O que Deus me falou hoje?

30

OUT 26 Sexta

Fl 1,1-11
Sl 110(111)
Lc 14,1-6

CADA DESAFIO É UMA OPORTUNIDADE PARA MOSTRAR O PODER DO AMOR DIVINO EM AÇÃO

SANTO DO DIA
São Marcelo

Ofereço meu dia de oração para

PALAVRA DO CORAÇÃO
#lei

Evangelho do dia

"É permitido ou não curar em dia de sábado?". [...] Depois lhes disse: "Quem de vós não tirará logo o seu filho ou o seu boi que cair num poço, mesmo sendo sábado?"

Lucas 14,3b.5

Jesus nos ensina que a misericórdia deve prevalecer sobre as regras, pois, diante do sofrimento, a compaixão é mais importante. Devemos agir com amor e cuidar do próximo em todos os momentos, sem esperar o momento "certo".

O que Deus me falou hoje?

DEUS SE FAZ PRÓXIMO PARA NOS REVELAR O VERDADEIRO SENTIDO DA VIDA E DO AMOR

31
Sábado | OUT 26

Fl 1,18b-26
Sl 41(42)
Lc 14,1.7-11

Ofereço meu dia de oração para

SANTO DO DIA
Santo Afonso Rodrigues

Evangelho do dia

Jesus contou-lhes uma parábola: "Quando fores convidado por alguém para uma festa de casamento, não ocupes logo o primeiro lugar, porque pode haver entre os convidados um mais importante do que tu".

Lucas 14,8

PALAVRA DO CORAÇÃO
#lugar

Jesus nos ensina a agir com discernimento e humildade, buscando o último lugar, pois quem se humilha será exaltado. Na vida, devemos sempre colocar os outros à frente e confiar que Deus reconhecerá nosso coração.

O que Deus me falou hoje?

NO CORAÇÃO DE JESUS ESTÁ A FONTE DA MISERICÓRDIA!

novembro

2026
ANO A | MATEUS

oração

Senhor, meu Deus e meu Pai,
eu te agradeço por tudo o que tens
feito em minha vida:
pela alegria de viver, por minha família,
pelos meus amigos, pelo ar que respiro,
pelos dons que me deste, pelos relacionamentos
que possibilitam que eu cresça a cada dia.
Obrigado pelas oportunidades que me tens dado
de testemunhar o amor com que amas a mim
e a todas as pessoas.
Obrigado por teu perdão e por dar-me uma vida plena e abundante.
Senhor, a ti, que és o criador de tudo o que sou e do que possuo,
dedico a minha vida, desejando ver e fazer sempre a tua vontade,
e que minhas ações glorifiquem o teu nome.
Amém!

intenção
de oração do Papa

BOM USO DAS RIQUEZAS

Rezemos pelo bom uso das riquezas,
para que se resista à tentação do egoísmo
e elas estejam sempre a serviço do
bem comum e da solidariedade com
os mais necessitados.

diário do coração
2026

1

Domingo | NOV 26

Ap 7,2-4.9-14
Sl 23(24)
1Jo 3,1-3
Mt 5,1-12a

QUANDO DEUS NOS CHAMA, É PARA NOS MOSTRAR O CAMINHO DO AMOR ETERNO

Ofereço meu dia de oração para

Todos os Santos

Evangelho do dia

"Felizes sereis quando vos ofenderem, perseguirem e disserem todo tipo de calúnia contra vós por minha causa. Ficai alegres e contentes, porque grande será a vossa recompensa no céu."

Mateus 5,11-12

PALAVRA DO CORAÇÃO
#adversidades

Jesus nos chama a nos alegrarmos nas adversidades, pois, mesmo se formos perseguidos por causa de nossa fé, nossa recompensa será grande no céu. A perseverança na verdade e no amor de Cristo nos fortalece para seguir em frente.

O que Deus me falou hoje?

2

NOV 26 Segunda

Jó 19,1.23-27a
Sl 23(24)
1Cor 15,20-24a.25-28
Lc 12,35-40

A CRIAÇÃO E A HUMANIDADE SÃO O REFLEXO DO IMENSO AMOR QUE DEUS TEM POR NÓS

Comemoração de todos os Fiéis Defuntos

PALAVRA DO CORAÇÃO
#lâmpada

Ofereço meu dia de oração para

Evangelho do dia

Disse Jesus a seus discípulos: "Estai preparados: com a roupa bem presa na cintura e com as lâmpadas acesas. Sede parecidos aos que esperam o seu patrão voltar do casamento para abrir-lhe a porta logo que ele chegar e bater."

Lucas 12,35

Jesus nos chama a estar vigilantes e preparados, com as lâmpadas acesas, prontos para acolher o Senhor a qualquer momento. Possa nossa fé ser constante, esperando com ardor a sua chegada.

O que Deus me falou hoje?

3
Terça | NOV 26

Fl 2,5-11
Sl 21(22)
Lc 14,15-24

A SABEDORIA DIVINA ESCOLHE OS CAMINHOS MAIS INESPERADOS PARA REVELAR SUA GRANDEZA

Ofereço meu dia de oração para

SANTO DO DIA
São Martinho de Lima

Evangelho do dia

"Vai pelas estradas e ao longo das propriedades, e força quantos encontrares a vir e assim a minha casa ficará cheia. Pois eu vos digo: nenhum daqueles que foram convidados participará da minha festa."

Lucas 14,23-24

PALAVRA DO CORAÇÃO
#banquete

O convite ao Reino de Deus é para todos, sem exceção. Devemos acolher com generosidade o chamado de Jesus, levando outros a experimentar a abundância de seu banquete de amor e salvação.

O que Deus me falou hoje?

4

NOV 26 Quarta

Fl 2,12-18
Sl 26(27)
Lc 14,25-33

ÀS VEZES, OS MAIORES DESAFIOS SURGEM NO SIMPLES ATO DE ACEITAR O QUE A VIDA NOS OFERECE

SANTO DO DIA
São Carlos Borromeu

PALAVRA DO CORAÇÃO
#renúncia

Ofereço meu dia de oração para

Evangelho do dia

"Portanto, todo o que dentre vós não renuncia a tudo o que possui não pode ser meu discípulo."

Lucas 14,33

A renúncia é um passo essencial para seguir a Cristo. Quando deixamos de lado as riquezas e os apegos, abrimos espaço para um amor mais profundo e sincero a Deus.

O que Deus me falou hoje?

A GRANDEZA DO SER HUMANO NÃO ESTÁ NAS POSSES, MAS NAS ESCOLHAS DE SEU CORAÇÃO

5
Quinta | NOV 26

Fl 3,3-8a
Sl 104(105)
Lc 15,1-10

Ofereço meu dia de oração para

SANTO DO DIA
Beato Mariano Aparício

Evangelho do dia

"Alegrai-vos comigo, porque achei a moeda que tinha perdido!". É por isso que eu vos digo: assim é que haverá alegria entre os anjos de Deus por um só pecador que se converter.

Lucas 15,9b-10

A conversão de um só pecador traz grande alegria no céu, pois cada alma resgatada é um motivo de festa para Deus.

PALAVRA DO CORAÇÃO
#reconciliação

O que Deus me falou hoje?

6

NOV 26 | Sexta

Fl 3,17–4,1
Sl 121(122)
Lc 16,1-8

A VERDADEIRA FORÇA ESTÁ EM ACEITAR A MISSÃO QUE NOS TRANSFORMA E NOS FAZ MAIS HUMANOS

Ofereço meu dia de oração para

SANTO DO DIA
Beata Bárbara Maix

PALAVRA DO CORAÇÃO
#astúcia

Evangelho do dia

"O proprietário elogiou aquele administrador desonesto por ter agido com tanta esperteza. Porque os filhos deste mundo são mais espertos com seus semelhantes que os filhos da luz."

Lucas 16,8

Jesus nos convida a usar nossa sabedoria e recursos com a mesma determinação e astúcia que o mundo usa para seus próprios fins, mas voltados para o bem e para o Reino de Deus.

O que Deus me falou hoje?

7

Sábado | NOV 26

Fl 4,10-19
Sl 111(112)
Lc 16,9-15

TODOS CARREGAMOS A IMAGEM DE DEUS EM NÓS, MAS NEM TODOS TÊM OS OLHOS DA FÉ PARA ENXERGÁ-LA

Ofereço meu dia de oração para

SANTO DO DIA
Santo Herculano

Evangelho do dia

"Se não fostes fiéis no alheio, quem vos dará o que vos pertence? Nenhum criado pode servir a dois senhores: ou odiará a um e amará o outro, ou se apegará a um e desprezará o outro."

Lucas 16,12-13

PALAVRA DO CORAÇÃO
#lealdade

Jesus nos ensina a sermos fiéis no que nos é confiado, lembrando que nossa lealdade a Deus não pode ser dividida.

O que Deus me falou hoje?

8

NOV 26 | Domingo

Sb 6,12-16
Sl 62(63)
1Ts 4,13-18
Mt 25,1-13

O ESPÍRITO NOS GUIA A VER BELEZA E FORÇA ONDE O MUNDO NÃO ESPERA

Ofereço meu dia de oração para

32º Domingo do Tempo Comum

PALAVRA DO CORAÇÃO
#preparação

Evangelho do dia

"O Reino dos Céus é comparável a dez virgens que saíram com suas lâmpadas ao encontro do esposo. Cinco delas eram imprevidentes e cinco previdentes."

Mateus 25,1-2

Jesus nos chama a estarmos preparados e vigilantes, pois o Reino dos Céus exige discernimento e atenção.

O que Deus me falou hoje?

9

Segunda | NOV 26

Ez 47,1-2.8-9.12
Sl 45(46)
Jo 2,13-22

NA SIMPLICIDADE DA ESCOLHA DE DEUS, ENCONTRAMOS A GRANDEZA DA VERDADEIRA MISSÃO

Ofereço meu dia de oração para

Dedicação da Basílica de Latrão

Evangelho do dia

"Destruí este Templo e em três dias eu o construirei". Os judeus replicaram: "Levaram quarenta e seis anos para edificar este Templo e tu serias capaz de reerguê-lo em três dias?". Porém Jesus dizia isto a respeito do Templo de seu corpo.

João 2,19b-21

PALAVRA DO CORAÇÃO
#ressurreição

Jesus nos revela que o verdadeiro templo é Ele próprio, e sua ressurreição prova que a vida vence a morte. Nosso coração também deve ser morada de Deus, um templo vivo de fé.

O que Deus me falou hoje?

10

NOV 26 Terça

Tt 2,1-8.11-14
Sl 36(37)
Lc 17,7-10

DEUS VÊ ALÉM DO QUE É VISÍVEL E ENCONTRA SEU PROPÓSITO NAS VIDAS HUMILDES E SINCERAS

SANTO DO DIA
São Leão Magno

PALAVRA DO CORAÇÃO
#cumprir

Ofereço meu dia de oração para

Evangelho do dia

"Vós também, do mesmo modo, quando tiverdes feito tudo o que vos for mandado, dizei: 'Somos uns pobres servidores: fizemos o que era de nossa obrigação'".

Lucas 17,10

Jesus nos ensina a humildade no serviço a Deus. Tudo o que fazemos é graça dele, e não motivo de vanglória. Servir com amor, sem esperar recompensas, é o caminho do verdadeiro discípulo.

O que Deus me falou hoje?

A VERDADEIRA GRANDEZA SE REVELA NA SIMPLICIDADE DO COTIDIANO

11
Quarta | NOV 26

Tt 3,1-7
Sl 22(23)
Lc 17,11-19

Ofereço meu dia de oração para

SANTO DO DIA
São Martinho de Tours

Evangelho do dia

Mas Jesus observou: "Não ficaram curados os dez? Onde estão os outros nove? Não houve nenhum que voltasse para dar glória a Deus, a não ser este estrangeiro?".

Lucas 17,17-18

A gratidão a Deus deve ser constante, não apenas nos momentos de necessidade, mas também no reconhecimento das bênçãos recebidas.

PALAVRA DO CORAÇÃO
#gratidão

O que Deus me falou hoje?

12

NOV 26 Quinta

Fm 1,7-20
Sl 145(146)
Lc 17,20-25

MESMO NAS DIFICULDADES, A FÉ NOS MOSTRA O CAMINHO A SEGUIR

SANTO DO DIA
São Josafá

PALAVRA #presença DO CORAÇÃO

Ofereço meu dia de oração para

Evangelho do dia

Interrogado pelos fariseus sobre quando viria o Reino de Deus, Jesus respondeu: "O Reino de Deus não vem ostensivamente. Nem se poderá dizer: 'Ele está aqui' ou 'ele está ali', porque o Reino de Deus já está no meio de vós".

Lucas 17,20-21

O Reino de Deus não é um lugar distante, mas já está entre nós, quando vivemos no amor e na justiça. Ele cresce em cada coração aberto à graça de Deus. Que sejamos sinais vivos desse Reino no mundo!

O que Deus me falou hoje?

A CONFIANÇA NO MOMENTO CERTO É O SEGREDO PARA TRANSFORMAR OS DESAFIOS EM MILAGRES

13 Sexta NOV 26

2Jo 1,4-9
Sl 118(119)
Lc 17,26-37

Ofereço meu dia de oração para

Santo do dia: Santo Estanislau Kostka

Evangelho do dia

"Assim será no dia em que o Filho do homem se revelar. Naquele dia, quem estiver no terraço e tiver bens dentro de casa não desça para buscá-los; também aquele que estiver no campo não volte atrás."

Lucas 17,30-31

Jesus nos convida a estarmos sempre prontos para a sua vinda, sem apego às coisas passageiras. O verdadeiro tesouro está em Deus, e nossa vida deve estar voltada para ele.

PALAVRA DO CORAÇÃO: #preparar

O que Deus me falou hoje?

14
NOV 26 | Sábado

3Jo 1,5-8
Sl 111(112)
Lc 18,1-8

ÀS VEZES, A RESPOSTA PARA NOSSOS PROBLEMAS ESTÁ EM FAZER O QUE NOS É PEDIDO COM CORAÇÃO ABERTO

SANTO DO DIA: **São José Pignatelli**

PALAVRA DO CORAÇÃO: **#clamor**

Ofereço meu dia de oração para

Evangelho do dia
"E Deus não fará justiça aos seus eleitos, que clamam dia e noite por ele? Por acaso vai demorar em socorrê-los? Eu vos garanto: ele lhes fará justiça bem depressa."
Lucas 18,7-8a

Deus ouve o clamor dos seus filhos e nunca os abandona. Sua justiça não falha, e no tempo certo ele atende aos que confiam nele. Perseveremos na fé, pois o Senhor é fiel e cuida de nós!

O que Deus me falou hoje?

COM HUMILDADE E FÉ, PODEMOS TRANSFORMAR QUALQUER MOMENTO EM UM MILAGRE

15
Domingo | NOV 26

Pr 31,10-13.19-20.30-31
Sl 127(128)
1Ts 5,1-6
Mt 25,14-30

Ofereço meu dia de oração para

33º Domingo do Tempo Comum

Evangelho do dia

"O senhor lhe disse: 'Muito bem, bom e fiel servidor! Foste fiel no pouco e eu te darei a administração do muito que tenho. Toma parte no contentamento de seu senhor!'"

Mateus 25,23

Deus nos chama à fidelidade nas pequenas coisas, pois é nelas que demonstramos nosso amor e compromisso. Quem é fiel no pouco, receberá muito mais. Que nossa vida seja um serviço dedicado ao Senhor, para participarmos da sua alegria!

PALAVRA DO CORAÇÃO
#responsabilidade

O que Deus me falou hoje?

16

NOV 26 | Segunda

Ap 1,1-4; 2,1-5a
Sl 1
Lc 18,35-43

MARIA NOS ENSINA QUE O AMOR E A SABEDORIA NOS GUIAM NAS ENCRUZILHADAS DA VIDA

SANTO DO DIA: Santa Gertrudes

PALAVRA DO CORAÇÃO: #luz

Ofereço meu dia de oração para

Evangelho do dia

Jesus perguntou: "Que queres que te faça?". O cego respondeu: "Senhor, que eu veja de novo". Jesus então disse: "Vê, tua fé te salvou". No mesmo instante, recuperou a vista e seguia Jesus, glorificando a Deus.

Lucas 18,41-43a

A fé abre nossos olhos para a luz de Cristo. Como o cego, precisamos pedir ao Senhor que nos cure da cegueira espiritual e nos guie no caminho da salvação. Que nossa vida seja um testemunho de gratidão e louvor a Deus!

O que Deus me falou hoje?

17

Terça | NOV 26

Ap 3,1-6.14-22
Sl 14(15)
Lc 19,1-10

QUANDO NÃO SABEMOS O QUE FAZER, A CONFIANÇA EM DEUS NOS LEVA À SOLUÇÃO

Ofereço meu dia de oração para

SANTO DO DIA
Santa Isabel da Hungria

Evangelho do dia

Mas Zaqueu, de pé diante do Senhor, lhe disse: "Senhor, dou a metade dos meus bens aos pobres. E se extorqui alguma coisa de alguém, vou lhe restituir quatro vezes mais".

Lucas 19,8

PALAVRA DO CORAÇÃO
#concretizar

O encontro com Jesus transforma corações. Zaqueu, ao renunciar a seus bens, mostra que a verdadeira riqueza está na conversão e na justiça. Que também sejamos generosos e deixemos Cristo mudar nossa vida!

O que Deus me falou hoje?

18
NOV 26 Quarta

Ap 4,1-11
Sl 150
Lc 19,11-28

A PLENITUDE DO TEMPO CHEGA QUANDO A FÉ E A CORAGEM SE ENCONTRAM NO CORAÇÃO

SANTO DO DIA: Santa Filipina Duchesne

PALAVRA DO CORAÇÃO: #cuidar

Ofereço meu dia de oração para

Evangelho do dia

Jesus disse: "Um homem de família nobre partiu para um país distante para alcançar o título de rei e depois voltar. Chamou dez servidores e lhes deu dez ricas moedas de ouro dizendo: 'Negociai até a minha volta'".

Lucas 19,12-13

Jesus nos confiou dons e talentos para que os multiplicássemos em seu nome. Devemos trabalhar com fidelidade e diligência. Que nossa vida seja um serviço constante, esperando com sabedoria o encontro definitivo com o Senhor!

O que Deus me falou hoje?

19
Quinta | NOV 26

O AMOR QUE É PACIENTE E FIRME, COMO O DE MARIA, SEMPRE TRAZ TRANSFORMAÇÃO

Ap 5,1-10
Sl 149
Lc 19,41-44

Ofereço meu dia de oração para

SANTO DO DIA
São Roque González e comp. Mártires

Evangelho do dia

Chegando mais perto, Jesus viu a cidade de Jerusalém e chorou sobre ela, dizendo: "Ah! Se pelo menos neste dia tu também compreendesses a mensagem da paz! Mas ai! Isto agora está oculto aos teus olhos".

Lucas 19,41-42

PALAVRA DO CORAÇÃO
#reconhecer

Jesus chora por Jerusalém, pois vê que muitos não reconhecem a paz que ele oferece. Ele é a nossa paz, mas precisamos abrir os olhos do coração para recebê-la. Que possamos, hoje, acolher Jesus como a verdadeira paz de nossas vidas!

O que Deus me falou hoje?

20

NOV 26 Sexta

Ap 10,8-11
Sl 118(119)
Lc 19,45-48

MESMO NAS PEQUENAS SITUAÇÕES, A BONDADE DE DEUS SE REVELA DE FORMAS GRANDIOSAS

SANTO DO DIA
Santo Edmundo

PALAVRA DO CORAÇÃO
#santidade

Ofereço meu dia de oração para

Evangelho do dia

Entrando no Templo, Jesus começou a expulsar os vendedores dizendo-lhes: "Está escrito: 'Minha casa será uma casa de oração. E vede como vós a transformastes num covil de ladrões'".

Lucas 19,45-46

Jesus nos chama a purificar não apenas os templos de pedra, mas também o templo do nosso coração. Que nada nos afaste de Deus e que nossa vida seja uma verdadeira casa de oração e encontro com Ele.

O que Deus me falou hoje?

DIVIDIR É O PRIMEIRO PASSO PARA MULTIPLICAR BÊNÇÃOS

21
Sábado | NOV 26

Zc 2,14-17
Lc 1,46-55
Mt 12,46-50

Ofereço meu dia de oração para

Apresentação de Nossa Senhora

Evangelho do dia

Jesus disse: "Eis aqui minha mãe e meus irmãos. Porque todo aquele que faz a vontade do meu Pai que está no céu, este é meu irmão, minha irmã e minha mãe".

Mateus 12,49b-50

Jesus nos mostra que nossa verdadeira família é formada por aqueles que vivem a vontade de Deus. Ser irmão de Cristo é seguir seu exemplo de amor e obediência ao Pai.

PALAVRA DO CORAÇÃO
#família

O que Deus me falou hoje?

22

NOV 26 Domingo

Ez 34,11-12.15-17
Sl 22(23)
1Cor 15,20-26.28
Mt 25,31-46

O VERDADEIRO MILAGRE ACONTECE QUANDO COMPARTILHAMOS O QUE TEMOS

Ofereço meu dia de oração para

Nosso Senhor Jesus Cristo, Rei do Universo

PALAVRA #separar DO CORAÇÃO

Evangelho do dia

Disse Jesus a seus discípulos: "Quando o Filho do homem vier gloriosamente, acompanhado por todos os seus anjos, sentará no seu trono glorioso. Diante dele estarão reunidas todas as nações, e ele separará os homens uns dos outros".

Mateus 25,31-32a

O Senhor virá em sua glória para julgar os corações e separar os justos dos injustos. Que nossa vida seja marcada pelo amor e pela justiça, para estarmos ao lado do Rei na sua glória.

O que Deus me falou hoje?

GENEROSIDADE TRANSFORMA O POUCO EM ABUNDÂNCIA

23
Segunda | NOV 26

Ap 14,1-3.4b-5
Sl 23(24)
Lc 21,1-4

Ofereço meu dia de oração para

Evangelho do dia

Levantando os olhos, Jesus viu que os ricos depositavam as suas ofertas no cofre do Templo. Viu também uma pobre viúva que colocava ali duas moedas de cobre.

Lucas 21,1-2

SANTO DO DIA
São Clemente

PALAVRA
#valor
DO CORAÇÃO

Jesus nos ensina que o valor das nossas ações não está no quanto damos, mas na generosidade do coração.

O que Deus me falou hoje?

24
NOV 26 Terça

Ap 14,14-19
Sl 95(96)
Lc 21,5-11

O QUE PARECE PEQUENO, NAS MÃOS DE DEUS, MULTIPLICA-SE

SANTO DO DIA
Santo André Dung-Lac e comp. Mártires

PALAVRA DO CORAÇÃO
#tempo

Ofereço meu dia de oração para

Evangelho do dia
"Quando ouvirdes falar de guerras e revoluções, não vos assusteis: é preciso que, primeiro, isto aconteça, mas não será logo o fim."
Lucas 21,9

Jesus nos lembra que, diante das adversidades, devemos manter a fé e a confiança, pois tudo tem seu tempo determinado.

O que Deus me falou hoje?

25
Quarta | NOV 26

NA PARTILHA, ENCONTRAMOS O PODER DE MULTIPLICAR O BEM

Ap 15,1-4
Sl 97(98)
Lc 21,12-19

Ofereço meu dia de oração para

SANTO DO DIA
Santa Catarina de Alexandria

Evangelho do dia

"Sereis odiados por todos por causa de meu nome. Mas nem um só cabelo de vossa cabeça se perderá. Com a vossa perseverança é que salvareis vossas vidas."

Lucas 21,17-19

Jesus nos ensina que, mesmo em meio às dificuldades e perseguições, a fidelidade a ele nos garante a verdadeira vida.

PALAVRA DO CORAÇÃO
#garantia

O que Deus me falou hoje?

26

NOV 26 Quinta

Ap 18,1-2.21-23; 19,1-3.9a
Sl 99(100)
Lc 21,20-28

QUANDO DAMOS DE CORAÇÃO, RECEBEMOS MUITO MAIS DO QUE IMAGINAMOS

SANTO DO DIA
São Leonardo de Porto Maurício

PALAVRA #tribulações DO CORAÇÃO

Ofereço meu dia de oração para

Evangelho do dia

"E então se verá o Filho do homem vindo numa nuvem, com grande poder e majestade. Quando começarem a acontecer essas coisas, reanimai-vos e levantai vossas cabeças, porque está perto a vossa libertação."

Lucas 21,27-28

Jesus nos lembra que, mesmo em tempos de tribulação, devemos manter a esperança. O Senhor vem para nos libertar e nos dar a vitória.

O que Deus me falou hoje?

CADA GESTO DE BONDADE REVERBERA EM GRANDES TRANSFORMAÇÕES

27
Sexta | NOV 26
Ap 20,1-4.11–21,2
Sl 83(84)
Lc 21,29-33

Ofereço meu dia de oração para

SANTO DO DIA
Santa Catarina de Labouré

Evangelho do dia

"Vede a figueira e todas as árvores. Quando começam a brotar, vós mesmos percebeis, olhando para elas, que o verão está perto. Assim também, quando virdes acontecer isto, sabei que está perto o Reino de Deus."

Lucas 21,29-31

PALAVRA DO CORAÇÃO
#vigiar

Assim como a figueira nos revela a proximidade do verão, os sinais de Deus ao nosso redor nos lembram que seu Reino está próximo. Devemos estar atentos e preparados para recebê-lo.

O que Deus me falou hoje?

28

NOV 26 | Sábado

Ap 22,1-7
Sl 94(95)
Lc 21,34-36

O AMOR SE MULTIPLICA QUANDO É DIVIDIDO

Ofereço meu dia de oração para

SANTO DO DIA
São Tiago das Marcas

PALAVRA DO CORAÇÃO
#enfrentar

Evangelho do dia

"Vigiai, então, e rezai em todos os momentos, para serdes dignos de escapar de todas essas desgraças e de vos apresentardes com segurança diante do Filho do homem."

Lucas 21,36

A oração constante nos fortalece para enfrentar os desafios da vida e nos prepara para estarmos em pé diante de Cristo. Devemos estar vigilantes e orar sempre, buscando a força de Deus.

O que Deus me falou hoje?

NO COMPARTILHAR, DEUS REVELA SEU MILAGRE

29
Domingo | NOV 26

Is 63,16b-17.19b;
64,2b-7
Sl 79(80)
1Cor 1,3-9
Mc 13,33-37

Ofereço meu dia de oração para

1º Domingo do Advento

Evangelho do dia

Jesus disse aos seus discípulos: "Prestai atenção! Vigiai! Porque não sabeis quando será o momento. Este momento será como um homem que foi viajar, deixou sua casa, passou a administração aos empregados, indicou o trabalho a cada um e ordenou ao porteiro que ficasse vigiando".

Marcos 13,33-34

PALAVRA #essencial DO CORAÇÃO

A vigilância constante é essencial para os discípulos de Cristo. Devemos estar sempre atentos, cumprindo nossas tarefas com responsabilidade, pois não sabemos o momento de sua chegada.

O que Deus me falou hoje?

30
NOV 26 Segunda

Rm 10,9-18
Sl 18(19A)
Mt 4,18-22

O POUCO QUE TEMOS, NAS MÃOS DE DEUS, TRANSFORMA-SE EM ABUNDÂNCIA

SANTO DO DIA
Santo André, Apóstolo

PALAVRA DO CORAÇÃO
#serviço

Ofereço meu dia de oração para

Evangelho do dia

Caminhando ao longo do lago da Galileia, Jesus viu dois irmãos: Simão, a quem chamam de Pedro, e André, seu irmão, que lançavam a rede às águas, pois eram pescadores. Jesus disse a eles: "Segui-me, e farei de vós pescadores de homens".

Mateus 4,18-19

Jesus nos chama a deixar nossas vidas antigas e a segui-lo, com a missão de pescar almas para o Reino de Deus. Assim como os discípulos, somos chamados a uma vida de transformação e serviço.

O que Deus me falou hoje?

dezembro

2026
ANO B | MARCOS

oração

SANTA TERESA DE CALCUTÁ

Pai do Céu, o Senhor nos deu um modelo
de vida através da Sagrada Família de Nazaré.
Ajude-nos, ó pai amoroso, a fazermos
de nossa família outra Nazaré, onde reinem
o amor, a paz e a alegria.
Ajude-nos a ficarmos unidos, pela oração familiar,
na alegria e na tristeza.
Ensine-nos a ver Jesus nos membros de nossas famílias,
especialmente em seus disfarces mais angustiantes.
Que o coração eucarístico de Jesus torne os nossos corações
humildes como o dele e nos ajude a cumprir nossos deveres
familiares de um jeito sagrado.
Que amemos uns aos outros como Deus ama
a cada um de nós, mais e mais a cada dia.
Que possamos perdoar as falhas uns dos outros
como o Senhor perdoa nossos pecados.
Amém!

intenção
de oração do Papa

FAMÍLIAS MONOPARENTAIS

Rezemos pelas famílias que vivem a ausência
de um pai ou de uma mãe, para que encontrem
na Igreja apoio e acompanhamento e,
na fé, ajuda e força nos momentos difíceis.

1

Terça | DEZ 26

Is 11,1-10
Sl 71(72),1-2.7-8.12-13.17 (R. cf. 7)
Lc 10,21-24

ÀS VEZES, O SEGREDO ESTÁ EM COMPARTILHAR O QUE TEMOS, POR MENOR QUE SEJA

Ofereço meu dia de oração para

SANTO DO DIA: São Carlos de Foucauld

Evangelho do dia

Naquele momento Jesus ficou imensamente alegre sob a ação do Espírito Santo e disse: "Eu te bendigo, ó Pai, Senhor do céu e da terra, porque escondeste estas coisas aos sábios e eruditos, e as revelaste aos pequeninos. Sim, Pai, porque isto foi do teu agrado".

Lucas 10,21

PALAVRA DO CORAÇÃO: #simplicidade

Jesus louva o Pai por revelar o Reino aos humildes, afastando-se da sabedoria arrogante dos sábios. A verdadeira sabedoria está em reconhecer a pequenez diante de Deus e receber sua graça com um coração simples e aberto.

O que Deus me falou hoje?

2

DEZ 26 Quarta

Is 25,6-10a
Sl 22(23)
Mt 15,29-37

O GESTO DE DAR, MESMO O QUE PARECE POUCO, ABRE PORTAS PARA O MILAGRE

Ofereço meu dia de oração para

SANTO DO DIA
Santa Viviana

PALAVRA DO CORAÇÃO
#compaixão

Evangelho do dia

Jesus chamou a seus discípulos e lhes disse: "Tenho muita pena deste povo, pois já faz três dias que está comigo e não tem o que comer. Não quero despedi-lo em jejum. Poderia desfalecer no caminho".

Mateus 15,32

Jesus nos ensina a olhar para o sofrimento do próximo com compaixão, sem deixar que a necessidade de ninguém passe despercebida. Ele se preocupa com o bem-estar de todos, mostrando-nos que a verdadeira solidariedade é agir para aliviar a dor do outro.

O que Deus me falou hoje?

ATÉ NA DOR, A FÉ NOS FORTALECE E NOS CONDUZ A GRANDES REVELAÇÕES

3
Quinta | DEZ 26

Is 26,1-6
Sl 117(118)
Mt 7,21.24-27

Ofereço meu dia de oração para

SANTO DO DIA
São Francisco Xavier

Evangelho do dia

Disse Jesus aos seus discípulos: "Nem todos os que dizem: 'Senhor, Senhor', entrarão no Reino dos Céus, mas sim os que fazem a vontade do meu Pai que está nos céus".

Mateus 7,21

PALAVRA DO CORAÇÃO
#amor

Jesus nos ensina que não basta apenas professar a fé, mas é antes necessário viver conforme a vontade de Deus em nossas ações diárias. O Reino dos Céus é conquistado pela prática do amor, da justiça e da obediência a Deus em cada passo.

O que Deus me falou hoje?

4

DEZ 26 Sexta

Is 29,17-24
Sl 26(27)
Mt 9,27-31

OS MAIORES SACRIFÍCIOS SÃO OS QUE MAIS NOS APROXIMAM DO PROPÓSITO DIVINO

Ofereço meu dia de oração para

SANTO DO DIA
São João Damasceno

PALAVRA DO CORAÇÃO
#milagre

Evangelho do dia

Quando Jesus chegou à casa, aproximaram-se os cegos e Jesus lhes perguntou: "Credes que eu posso fazer isto?". "Sim, Senhor", responderam eles. Tocou-lhes, então, nos olhos, dizendo: "Que vos seja feito conforme a vossa fé".

Mateus 9,28-29

Jesus nos mostra que a fé é a chave para recebermos seus milagres. Quando acreditamos de coração, Deus age em nossas vidas, e as nossas limitações são superadas pela força da confiança em sua palavra.

O que Deus me falou hoje?

A CURA E A FORÇA VÊM QUANDO CONFIAMOS TOTALMENTE NO CORAÇÃO AMOROSO DE DEUS

5
Sábado | DEZ 26

Is 30,19-21.23-26
Sl 146(147A)
Mt 9,35-10,1.6-8

Ofereço meu dia de oração para

SANTO DO DIA
São Sabas

Evangelho do dia

Jesus, vendo as multidões, ficava com muita pena, porque elas estavam cansadas e abatidas, como ovelhas que não têm pastor. Disse então aos seus discípulos: "A colheita é grande, mas pequeno é o número dos trabalhadores. Rogai, então, ao dono da lavoura para que mande trabalhadores para a colheita!".

Mateus 9,36-38

PALAVRA DO CORAÇÃO
#compadecer

Jesus se compadeceu da multidão, reconhecendo suas dificuldades, e nos chama a ser trabalhadores da colheita, espalhando a misericórdia e o cuidado. A misericórdia de Deus deve ser refletida em nossas ações em favor dos que estão perdidos e sofrendo.

O que Deus me falou hoje?

6

DEZ 26 Domingo

Is 40,1-5.9-11
Sl 84(85)
2Pd 3,8-14
Mc 1,1-8

EM MEIO ÀS DIFICULDADES, DEUS REVELA SEUS PLANOS COM AMOR E MISERICÓRDIA

Ofereço meu dia de oração para

2º Domingo do Advento

PALAVRA DO CORAÇÃO
#endireitar

Evangelho do dia

Voz de alguém que clama no deserto: "Preparai o caminho do Senhor, endireitai as suas passagens". Assim é que João Batista apareceu no deserto, pregando um batismo de conversão para a remissão dos pecados.

Marcos 1,3-4

João Batista nos chama à conversão, preparando nossos corações para a vinda de Jesus. A verdadeira mudança começa quando endireitamos nossas estradas e buscamos o perdão de Deus com sinceridade.

O que Deus me falou hoje?

O VERDADEIRO PODER ESTÁ EM ACEITAR O CHAMADO DE DEUS, POR MAIS DESAFIADOR QUE SEJA

7
Segunda | DEZ 26

Is 35,1-10
Sl 84(85)
Lc 5,17-26

Ofereço meu dia de oração para

SANTO DO DIA
Santo Ambrósio

Evangelho do dia

E, no mesmo instante, ele se levantou diante de todos, tomou a sua padiola e foi para casa, glorificando a Deus. Todos ficaram extasiados e glorificavam a Deus cheios de temor; diziam: "Hoje nós vimos coisas prodigiosas!".

Lucas 5,25-26

O milagre de Jesus nos lembra que, com fé, podemos ser transformados. Ao experimentarmos a graça divina, nossa vida é renovada.

PALAVRA DO CORAÇÃO
#experimentar

O que Deus me falou hoje?

8
DEZ 26 Terça

Gn 3,9-15.20
Sl 97(98),1.2-3ab.
3cd-4 (R. 1a)
Ef 1,3-6.11-12
Lc 1,26-38

CADA PROVA VIVIDA É UMA OPORTUNIDADE DE EXPERIMENTAR MAIS PROFUNDAMENTE O AMOR DIVINO

Imaculada Conceição de Maria

Ofereço meu dia de oração para

PALAVRA DO CORAÇÃO
#acreditar

Evangelho do dia

O anjo entrou onde ela estava e lhe disse: "Alegra-te, cheia de graça! O Senhor está contigo". Maria se perturbou com essas palavras e perguntava de si para si o significado desta saudação.

Lucas 1,28-29

A saudação do anjo a Maria nos revela que a graça de Deus está conosco, mesmo em momentos de dúvida e perplexidade. Assim como Maria, devemos abrir nosso coração para compreender a vontade de Deus e confiar em sua presença em nossas vidas.

O que Deus me falou hoje?

O AMOR DO SAGRADO CORAÇÃO NOS ENSINA A PERSEVERAR E A CONFIAR EM SUA BONDADE

9
Quarta | DEZ 26

Is 40,25-31
Sl 102(103)
Mt 11,28-30

Ofereço meu dia de oração para

SANTO DO DIA
São Juan Diego

Evangelho do dia

"Tomai sobre vós o meu jugo e aprendei de mim, que sou manso e humilde de coração, e encontrareis descanso para vossas almas. Porque o meu jugo é suave, e o meu peso, leve."

Mateus 11,29-30

Jesus nos convida a segui-lo com humildade e confiança, pois seu jugo é suave e seu fardo é leve. Quando nos entregamos a ele com um coração manso, encontramos o descanso que tanto buscamos.

PALAVRA DO CORAÇÃO
#descanso

O que Deus me falou hoje?

10
DEZ 26 Quinta

Is 41,13-20
Sl 144(145)
Mt 11,11-15

MESMO NAS DIFICULDADES, DEUS ESCREVE HISTÓRIAS DE FÉ E CORAGEM

Ofereço meu dia de oração para

SANTO DO DIA
São Mauro

PALAVRA DO CORAÇÃO
#identificar

Evangelho do dia

Disse Jesus à multidão: "Em verdade eu vos digo: nunca surgiu entre os homens alguém maior do que João Batista. E, no entanto, o menor no Reino dos Céus é maior do que ele".

Mateus 11,11

Jesus nos ensina que, embora João Batista fosse o maior entre os homens, o menor no Reino dos Céus é maior, pois no Reino de Deus a humildade e a pureza de coração são os maiores tesouros.

O que Deus me falou hoje?

A ENTREGA TOTAL A DEUS NOS LEVA A VIVER A PLENITUDE DE SEU AMOR E PROPÓSITO

11
Sexta | DEZ 26

Is 48,17-19
Sl 1
Mt 11,16-19

Ofereço meu dia de oração para

SANTO DO DIA
São Dâmaso

Evangelho do dia

Disse Jesus às multidões: "Mas a que vou comparar esta geração? Pode ser comparada a meninos sentados nas praças que gritam aos companheiros: 'Tocamos músicas alegres para vós e não dançastes; entoamos cantos de luto e não chorastes!'".

Mateus 11,16-17

PALAVRA DO CORAÇÃO
#escuta

Jesus critica a falta de escuta e abertura do coração. Usando a imagem das brincadeiras de crianças, ele chama a atenção sobre aqueles que, indiferentes, não respondem aos chamados de Deus. Estejamos atentos e dispostos a ouvir a sua voz, seja no convite à alegria ou na convocação ao arrependimento.

O que Deus me falou hoje?

12

DEZ 26 Sábado

Gl 4,4-7
Sl 95(96)
Lc 1,39-47

JESUS NOS ENSINA A OLHAR COM MISERICÓRDIA, ACOLHENDO E RESTAURANDO VIDAS

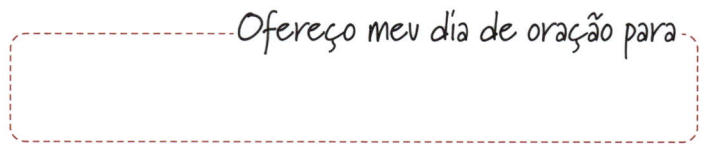

Ofereço meu dia de oração para

SANTO DO DIA
Nossa Senhora de Guadalupe

PALAVRA DO CORAÇÃO
#alegria

Evangelho do dia

Quando Isabel ouviu a saudação de Maria, o menino saltou no seu seio e ficou cheia do Espírito Santo. Então, exclamou em voz alta: "Bendita és tu entre as mulheres e bendito é o fruto do teu seio!".

Lucas 1,41-42

Ao ouvir a saudação de Maria, Isabel é tomada pelo Espírito Santo, e João Batista salta de alegria em seu ventre. Assim, reconhecemos que a presença de Maria nos leva a Jesus, fonte de toda bênção e alegria.

O que Deus me falou hoje?

13

Domingo | DEZ 26

Is 61,1-2a.10-11
Lc 1,46-54
1Ts 5,16-24
Jo 1,6-8.19-28

CADA GESTO DE COMPAIXÃO DE JESUS É UMA LIÇÃO SOBRE COMO VIVER COM AMOR E EMPATIA

Ofereço meu dia de oração para

3º Domingo do Advento

Evangelho do dia

João respondeu: "Eu batizo com água. Mas entre vós está quem não conheceis. Ele vem depois de mim e nem sequer sou digno de lhe desamarrar a correia da sandália".

João 1,26-27

PALAVRA DO CORAÇÃO

#reconhecimento

João Batista nos ensina a reconhecer a grandeza de Jesus, sabendo que sua missão era preparar o caminho para ele. Devemos, como João, reconhecer a supremacia de Cristo e viver com humildade, apontando sempre para ele.

O que Deus me falou hoje?

14

DEZ 26 | Segunda

Nm 24,2-7.15-17a
Sl 24(25)
Mt 21,23-27

ONDE HÁ DOR, JESUS TRAZ A CURA; ONDE HÁ DÚVIDA, ELE TRAZ A FÉ

SANTO DO DIA
São João da Cruz

PALAVRA DO CORAÇÃO
#autoridade

Ofereço meu dia de oração para

Evangelho do dia

Jesus respondeu-lhes: "Eu vos farei uma pergunta. Se me responderdes, então eu vos direi com que autoridade eu faço isto. De onde vinha o batismo de João: do céu ou dos homens?"

Mateus 21,24-25a

Jesus questiona sobre a origem do batismo de João para nos ensinar a distinguir a verdadeira autoridade, que vem de Deus. Devemos reconhecer que a autoridade divina se manifesta na verdade e na obediência à sua vontade.

O que Deus me falou hoje?

A MISERICÓRDIA DE DEUS NÃO TEM LIMITES, E SEU AMOR NOS TRANSFORMA COMPLETAMENTE

15
Terça | DEZ 26
Sf 3,1-2.9-13
Sl 33(34)
Mt 21,28-32

Ofereço meu dia de oração para

Santo do dia: Santa Cristiana

Evangelho do dia

"Com efeito, João veio até vós, como exemplo e mestre da justiça, e não crestes nele. Entretanto, esses cobradores e essas prostitutas creram. Mas vós, nem mesmo diante de um tal exemplo, vos arrependestes crendo nele."

Mateus 21,32

Palavra do coração: #arrepender

Jesus nos lembra que o arrependimento genuíno é a chave para a conversão, como os publicanos e prostitutas demonstraram. Não basta ver a verdade, é preciso se arrepender e crer de coração.

O que Deus me falou hoje?

16
DEZ 26 | Quarta

Is 45,6b-8.18.21b-25
Sl 84(85)
Lc 7,19-23

EM CADA ENCONTRO DE JESUS, VEMOS O PODER DE RESTAURAR O QUE ESTAVA PERDIDO

SANTO DO DIA
Santa Adelaide

PALAVRA DO CORAÇÃO
#expectativa

Ofereço meu dia de oração para

Evangelho do dia

Então, Jesus lhes respondeu: "Ide contar a João o que acabais de ver e de ouvir: os cegos recuperam a vista, os coxos andam, os leprosos ficam sãos, os surdos ouvem, os mortos ressuscitam, a Boa-Nova é anunciada aos pobres".

Lucas 7,22

Jesus nos revela que sua presença traz cura, transformação e vida nova. A Boa-Nova é para todos, especialmente para os que mais precisam de esperança e restauração em suas vidas.

O que Deus me falou hoje?

A VERDADEIRA SALVAÇÃO COMEÇA NO CORAÇÃO, COM COMPAIXÃO E AÇÃO

17
Quinta DEZ 26
Gn 49,2.8-10
Sl 71(72)
Mt 1,1-17

Ofereço meu dia de oração para

SANTO DO DIA
Santa Olímpia

Evangelho do dia

Jacó gerou a José, o esposo de Maria, de quem nasceu Jesus, chamado o Cristo. Assim o total das gerações é este: de Abraão até Davi, catorze; de Davi até a deportação para a Babilônia, outras catorze; e da deportação para a Babilônia até Cristo, também outras catorze.

Mateus 1,16-17

PALAVRA #promessa DO CORAÇÃO

A genealogia de Jesus revela o cumprimento das promessas de Deus, que se estendem através das gerações. Cristo é a plenitude da história de salvação, que começa com Abraão e se concretiza em Maria e José.

O que Deus me falou hoje?

18
DEZ 26 | Sexta

Jr 23,5-8
Sl 71(72)
Mt 1,18-24

JESUS NOS MOSTRA QUE A VERDADEIRA GRANDEZA ESTÁ EM SERVIR E ACOLHER OS OUTROS COM AMOR

SANTO DO DIA
São Graciano

PALAVRA #mistério DO CORAÇÃO

Ofereço meu dia de oração para

Evangelho do dia

O nascimento de Jesus Cristo foi assim: Maria, sua mãe, estava prometida em casamento a José. Ora, antes de levarem vida em comum, ela ficou grávida, por obra do Espírito Santo.

Mateus 1,18

A concepção de Jesus pelo Espírito Santo é um grande mistério da fé, que revela o poder de Deus em nossa história. Devemos confiar no plano divino, mesmo quando não compreendemos plenamente seus caminhos.

O que Deus me falou hoje?

NADA É MAIS IMPORTANTE QUE DEVOLVER A DIGNIDADE AO PRÓXIMO, COMO JESUS FEZ

19
Sábado | DEZ 26

Jz 13,2-7.24-25a
Sl 70(71)
Lc 1,5-25

Ofereço meu dia de oração para

SANTO DO DIA
Beato Urbano V

Evangelho do dia

O anjo lhe disse: "Não tenhas medo, Zacarias, porque tua oração foi ouvida: tua esposa Isabel vai te dar um filho e lhe porás o nome de João. Com isso terás uma grande satisfação e alegria, e muitos também se alegrarão com o seu nascimento, porque ele será grande diante do Senhor".

Lucas 1,12-15a

PALAVRA DO CORAÇÃO
#atender

O anúncio do anjo a Zacarias revela que, mesmo em momentos de dúvida, Deus ouve nossas súplicas e traz alegria. A esperança em Deus nunca falha, e sua promessa se cumpre, trazendo luz e felicidade para todos.

O que Deus me falou hoje?

20
DEZ 26 Domingo

2Sm 7,1-5.8b-12.14a.16
Sl 88(89)
Rm 16,25-27
Lc 1,26-38

EM CADA HISTÓRIA, JESUS REVELA QUE O AMOR É A CHAVE PARA A VERDADEIRA CURA

4º Domingo do Advento

PALAVRA DO CORAÇÃO
#acolher

Ofereço meu dia de oração para

Evangelho do dia

Mas o anjo continuou: "Não tenhas medo, Maria! Achaste graça diante de Deus. Conceberás e darás à luz um filho, ao qual porás o nome de Jesus. Ele será grande e será chamado Filho do Altíssimo".

Lucas 1,30-32a

Maria recebeu a graça de ser a mãe do Salvador, e sua confiança em Deus nos ensina a abrir nosso coração para seu plano. Ao aceitar o chamado de Deus, Maria nos mostra que a graça divina transforma nossas vidas e nos capacita para grandes missões.

O que Deus me falou hoje?

JESUS VEIO PARA RESTAURAR NOSSA ESSÊNCIA E NOS CONVIDAR A VIVER EM GRAÇA E MISERICÓRDIA

21 — Segunda | DEZ 26
Ct 2,8-14 ou Sf 3,14-18a
Sl 32(33)
Lc 1,39-45

Ofereço meu dia de oração para

SANTO DO DIA: São Pedro Canísio

Evangelho do dia

Então, Isabel exclamou em voz alta: "Bendita és tu entre as mulheres e bendito é o fruto do teu seio! De onde me vem a felicidade de que a mãe do meu Senhor me venha visitar?".

Lucas 1,42-43

PALAVRA DO CORAÇÃO #bênção

Isabel reconhece a grandeza de Maria, abençoando-a por ser a mãe do Senhor. Assim como ela, somos chamados a reconhecer e agradecer as bênçãos de Deus em nossa vida, confiando na sua presença entre nós.

O que Deus me falou hoje?

22
DEZ 26 Terça

1Sm 1,24-28
Cânt.: 1Sm 2,1-8
Lc 1,46-56

A BONDADE DE JESUS TRANSFORMA VIDAS, E NÓS SOMOS CHAMADOS A ESPALHAR ESSA LUZ

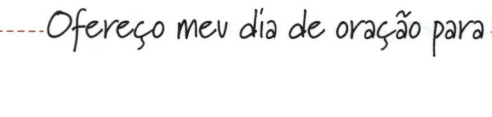

SANTO DO DIA: Santa Francisca Xavier Cabrini

PALAVRA DO CORAÇÃO: #gratidão

Ofereço meu dia de oração para

Evangelho do dia

Então Maria disse: "Minha alma engrandece o Senhor, meu espírito alegra-se intensamente em Deus, meu Salvador, porque olhou para a humildade da sua serva. De agora em diante, todas as gerações me chamarão bem-aventurada, porque o Todo-Poderoso fez em mim grandes coisas. Santo é seu nome".

Lucas 1,46-49

Maria expressa sua profunda gratidão a Deus por sua ação em sua vida, reconhecendo a grandeza de seu amor. Devemos também, com humildade e alegria, engrandecer o Senhor por tudo o que ele faz em nós e por nós.

O que Deus me falou hoje?

QUANDO ACOLHEMOS O OUTRO COM AMOR, ESTAMOS TAMBÉM ACOLHENDO A VIDA QUE DEUS NOS OFERECE

23
Quarta | DEZ 26

Ml 3,1-4.23-24
Sl 24(25)
Lc 1,57-66

Ofereço meu dia de oração para

SANTO DO DIA
São João Câncio

Evangelho do dia

No oitavo dia foram circuncidar o menino e queriam dar-lhe o nome de seu pai, Zacarias. Mas sua mãe interveio: "Não! Ele vai se chamar João".

Lucas 1,59-60

PALAVRA DO CORAÇÃO
#obediência

Isabel e Zacarias obedecem ao plano de Deus, nomeando seu filho João, como o anjo ordenara. Sua obediência nos ensina a confiar plenamente nas direções que Deus nos dá, mesmo quando parecem contrariar nossas expectativas.

O que Deus me falou hoje?

24
DEZ 26 Quinta

2Sm 7,1-5.8b-12.14a.16
Sl 88(89)
Lc 1,67-79

A VERDADEIRA CURA VEM QUANDO NOS APROXIMAMOS COM CORAÇÃO ABERTO E DISPOSTO A SERVIR

Ofereço meu dia de oração para

SANTO DO DIA
Santa Tarsila

PALAVRA DO CORAÇÃO
#iluminar

Evangelho do dia

"Obra da eterna misericórdia do nosso Deus, que nos trará do alto a visita do Astro nascente, para iluminar os que vivem nas trevas e na sombra da morte, e para dirigir nossos passos no caminho da paz."

Lucas 1,78-79

A misericórdia de Deus, expressa em Jesus, é a luz que nos guia da escuridão para a paz verdadeira. Somos chamados a acolher essa luz em nossos corações e a espalhá-la aos outros, conduzindo-os para o caminho da salvação.

O que Deus me falou hoje?

JESUS NOS ENSINA QUE A VIDA, EM TODA SUA FRAGILIDADE, MERECE SER CUIDADA E VALORIZADA

25
Sexta | DEZ 26

Is 52,7-10
Sl 97(98)
Hb 1,1-6
Jo 1,1-18

Ofereço meu dia de oração para

Natal de Nosso Senhor Jesus Cristo

Evangelho do dia

No princípio existia o Verbo, o Verbo estava voltado para Deus; e o Verbo era Deus. E o Verbo se fez carne e habitou entre nós. Nós vimos sua glória, glória que recebe do Pai como Filho Único, cheio de graça e verdade.

João 1,1.14

PALAVRA DO CORAÇÃO
#salvação

Deus se faz Palavra viva e vem habitar entre nós, revelando seu amor em forma humana. Na simplicidade da carne, manifesta-se a glória divina. Abramos o coração para acolher o Cristo que vem trazendo a salvação.

O que Deus me falou hoje?

26
DEZ 26 Sábado

At 6,8-10; 7,54-59
Sl 30(31)
Mt 10,17-22

A VISITA DE JESUS TRANSFORMA A TODO AQUELE QUE O ACOLHE COM O CORAÇÃO ABERTO

Ofereço meu dia de oração para

SANTO DO DIA
Santo Estevão

PALAVRA DO CORAÇÃO
#confiança

Evangelho do dia

"Mas quando vos entregarem ao julgamento, não vos preocupeis em saber como falar, nem com o que dizer, pois o que devereis dizer vos será dado no momento. É que não sereis vós que falareis, mas o Espírito do vosso Pai falará em vós."

Mateus 10,19-20

Jesus nos ensina a confiar no Espírito Santo, que nos guia e dá as palavras certas nos momentos de necessidade. Ao entregarmos nossa vida a Deus, ele fala através de nós, fortalecendo nossa fé e coragem.

O que Deus me falou hoje?

27

Domingo | DEZ 26

Eclo 3,3-7.14-17a
Sl 127(128)
Cl 3,12-21
Lc 2,22-40

JESUS NOS CONVIDA A OLHAR PARA AS NECESSIDADES DOS OUTROS COM UM CORAÇÃO CHEIO DE AMOR

Ofereço meu dia de oração para

Sagrada Família

Evangelho do dia

Uma vez cumprido tudo o que estava disposto pela Lei do Senhor, os pais regressaram com Jesus para a sua cidade de Nazaré na Galileia. Por seu lado, o menino ia crescendo e se desenvolvendo. Ele estava cheio de sabedoria e gozava dos favores divinos.

Lucas 2,39-40

PALAVRA DO CORAÇÃO
#crescer

Jesus, mesmo em sua infância, crescia em sabedoria e graça, mostrando-nos o caminho do amadurecimento espiritual. Também nós devemos buscar crescer na fé e na virtude, permitindo que a graça de Deus nos transforme a cada dia.

O que Deus me falou hoje?

28

DEZ 26 Segunda

1Jo 1,5-2,2
Sl 123(124)
Mt 2,13-18

CADA ATO DE BONDADE É UMA SEMENTE PLANTADA QUE PODE FAZER O MUNDO FLORESCER

Ofereço meu dia de oração para

Santos Inocentes

PALAVRA DO CORAÇÃO
#sofrimento

Evangelho do dia

Quando Herodes percebeu que havia sido enganado pelos magos, ficou bastante enfurecido, e mandou matar todos os meninos de Belém e dos arredores, de dois anos para baixo.

Mateus 2,16a

O massacre dos inocentes revela o sofrimento causado pela maldade humana e o preço da obediência a Deus. Mesmo em meio à dor e à injustiça, devemos confiar que Deus está conosco, trazendo consolo e esperança.

O que Deus me falou hoje?

NUM MUNDO QUE MUITAS VEZES PERDE O SABOR, SEJAMOS A LUZ QUE REFLETE A MISERICÓRDIA DE DEUS

29
Terça | DEZ 26

1Jo 2,3-11
Sl 95(96)
Lc 2,22-35

Ofereço meu dia de oração para

SANTO DO DIA
São Tomás Becket

Evangelho do dia

Simeão os abençoou e disse a Maria, a mãe de Jesus: "Eis que este menino está destinado à ruína e ao reerguimento de muitos em Israel. Ele deve ser um alvo de contradição".

Lucas 2,34

PALAVRA DO CORAÇÃO
#bênção

Simeão revela que Jesus seria um sinal de contradição, dividindo corações e desafiando as convicções humanas. Somos convidados a refletir sobre nossa disposição de seguir Cristo, mesmo quando seu caminho nos desafia e nos transforma.

O que Deus me falou hoje?

30

DEZ 26 Quarta

1Jo 2,12-17
Sl 95(96)
Lc 2,36-40

EM UM MUNDO APRESSADO, A MISERICÓRDIA NOS CHAMA A PAUSAR E OLHAR COM OLHOS DE COMPAIXÃO

SANTO DO DIA
São Rugero

PALAVRA DO CORAÇÃO
#louvor

Ofereço meu dia de oração para

Evangelho do dia

Ana chegou naquele momento e começou, agradecida, a louvar a Deus. E falava do menino a todos os que esperavam a redenção de Israel.

Lucas 2,38

A profetisa Ana, ao ver o menino Jesus, não guardou para si a alegria, mas compartilhou com todos a boa-nova da libertação. Somos chamados a ser testemunhas da salvação de Cristo, anunciando sua presença e esperança a todos ao nosso redor.

O que Deus me falou hoje?

A VIDA É UM PROJETO DE ESPERANÇA QUE SE CONSTRÓI A PARTIR DE PEQUENOS GESTOS DE AMOR E SOLIDARIEDADE

31
Quinta | DEZ 26

1Jo 2,18-21
Sl 95(96)
Jo 1,1-18

Ofereço meu dia de oração para

Santo do dia: São Silvestre

Evangelho do dia

E o Verbo se fez carne e habitou entre nós. Nós vimos sua glória, glória que recebe de seu Pai como Filho Único, cheio de graça e verdade.

João 1,14

A Palavra de Deus se fez carne e habitou entre nós, revelando sua glória plena em Jesus. Ao contemplarmos sua vida, somos chamados a viver com graça e verdade, sendo reflexo de sua presença em nosso dia a dia.

PALAVRA DO CORAÇÃO #refletir

O que Deus me falou hoje?

Amar a Deus e deixar-se amar por Ele!

para refletir o meu ano

Quais desafios enfrentei neste ano?

O que precisa ser mudado em minha vida?

Quais as minhas metas para o próximo ano?

Quem tem Jesus no coração enxerga a vida de modo mais belo!

FSC MISTO
Papel | Apoiando o manejo florestal responsável
FSC® C008008

Edições Loyola

editoração impressão acabamento
Rua 1822 nº 341 – Ipiranga
04216-000 São Paulo, SP
T 55 11 3385 8500/8501, 2063 4275
www.loyola.com.br

ORAÇÃO PARA ALCANÇAR SILÊNCIO

Ó Deus, concede-me o dom do silêncio
O silêncio que incomoda porque nada responde
Como aquele de teu Filho Jesus diante de Pilatos
Quero o silêncio do grito alegre dos jovens
O silêncio das discotecas e das romarias
O silêncio da música, da dança, da festa
O silêncio da algazarra das crianças
O silêncio da sabedoria dos nossos avós
O silêncio da felicidade dos que se amam
O silêncio do abraço e do beijo
O silêncio do coração de Maria de Nazaré
O silêncio dos que morrem antes da hora
O silêncio dos que padecem de fome e de sede
O silêncio da confiança do coração
O silêncio dos que abrem portas e janelas
O silêncio das águas, dos rios, dos mares
O silêncio das matas e dos passarinhos
O silêncio dos humilhados e injustiçados
O silêncio dos enfermos e depressivos
O silêncio dos tambores e das palmas
O silêncio dos pés tocando a terra
O silêncio dos que tecem a rede do Reino
O silêncio dos que acreditam em Ti
Dá-me aquela paz inquieta, Senhor
Para escutar teu grito, tua palavra
No coração do meu silêncio
Amém!

Eliomar Ribeiro, SJ